は　じ　め　に

技能検定は、労働者の有する技能を一定の基準によって検定し、これを公証する国家検定制度であり、技能に対する社会一般の評価を高め、働く人々の技能と地位の向上を図ることを目的として、職業能力開発促進法に基づいて1959年（昭和34年）から実施されています。

当研究会では、1975年（昭和50年）から技能検定試験受検者の学習に資するため、過去に出題された学科試験問題（１・２級）に解説を付して、「学科試験問題解説集」を発行しております。

このたびさらに、平成29・30・31年度に出題された学科試験問題、ならびに平成31年度の実技試験問題（計画立案等作業試験は平成29・30・31年度を収録）を「技能検定試験問題集（正解表付き）」として発行することになりました。

本問題集が１級・２級の技能士を目指して技能検定試験を受検される多くの方々にご利用いただき、大きな成果が上がることを祈念いたします。

令和２年６月

一般社団法人 雇用問題研究会

目　次

技能検定の概要

1　技能検定試験の等級区分

技能検定試験は合格に必要な技能の程度を等級ごとに次のとおりに区分しています。

特　　級：検定職種ごとの管理者又は監督者が通常有すべき技能及びこれに関する知識の程度

１　　級：検定職種ごとの上級の技能労働者が通常有すべき技能及びこれに関する知識の程度

２　　級：検定職種ごとの中級の技能労働者が通常有すべき技能及びこれに関する知識の程度

３　　級：検定職種ごとの初級の技能労働者が通常有すべき技能及びこれに関する知識の程度

単一等級：検定職種ごとの上級の技能労働者が通常有すべき技能及びこれに関する知識の程度

※これらの他に外国人実習生等を対象とした基礎級があります。

2　検定試験の基準

技能検定は、実技試験及び学科試験によって行われています。

実技試験は、実際に作業などを行わせて、その技量の程度を検定する試験であり、学科試験は、技能の裏付けとなる知識について行う試験です。

実技試験及び学科試験は、検定職種の等級ごとに、それぞれの試験科目及びその範囲が職業能力開発促進法施行規則により、また、その具体的な細目が厚生労働省職業能力開発局長通達により定められています。

(1)　実技試験

実技試験は、実際に作業（物の製作、組立て、調整など）を行わせて試験する、製作等作業試験が中心となっており、検定職種の大部分のものについては、その課題が試験日に先立って公表されています。

試験時間は、１級、２級及び単一等級については原則として５時間以内、３級については３時間以内が標準となっています。

また、検定職種によっては、製作等作業試験の他、実際的な能力を試験するため、次のような判断等試験又は計画立案等作業試験が併用されることがあります。

① 判断等試験

判断等試験は、製作等作業試験のみでは技能評価が困難な場合又は検定職種の性格や試験実施技術等の事情により製作等作業試験の実施が困難な場合に用いられるもので、例えば技能者として体得していなければならない基本的な技能について、原材料、模型、写真などを受検者に提示し、判別、判断などを行わせ、その技能を評価する試験です。

② 計画立案等作業試験

製作等作業試験、判断等試験の一方又は双方でも技能評価が不足する場合に用いられるもので、現場における実際的、応用的な課題を、表、グラフ、文章などにより設問したものを受検者に提示し、計算、計画立案、予測などを行わせることにより技能の程度を評価する試験です。

(2) 学科試験

学科試験は、単に学問的な知識を試験するものではなく、作業の遂行に必要な正しい判断力及び知識の有無を判定することに主眼がおかれています。また、それぞれの等級における試験の概要は次表のとおりです。

この中で、真偽法は一つの問題文の正誤を回答する形式であり、五肢択一法及び四肢択一法は一つの問題文について複数の選択肢の中から一つを選択して回答する形式です。

■学科試験の概要

等級区分	試験の形式	問題数	試験時間
特　級	五肢択一法	50 題	2 時間
1　級	真偽法及び四肢択一法	50 題	1 時間 40 分
2　級	真偽法及び四肢択一法	50 題	1 時間 40 分
3　級	真偽法	30 題	1 時間
単一等級	真偽法及び四肢択一法	50 題	1 時間 40 分

3　技能検定の受検資格

技能検定を受検するには、原則として検定職種に関する実務の経験が必要で、その年数は職業訓練歴、学歴等により異なっています（別表 1 参照）。

この実務の経験の範囲には、現場での作業のみならず管理、監督、訓練、教育及び研究の業務や訓練又は教育を受けた期間が含まれます。

4　試験の実施日程

技能検定試験は職種ごとに前期、後期に分かれていますが、日程の概要は次のとおりです。

項	前　期	後　期
受付期間	4月上旬～中旬	10月上旬～中旬
実技試験	6月上旬～9月上旬	12月上旬～翌年2月中旬
学科試験	8月下旬～9月上旬の日曜日 3級は7月中旬～下旬の日曜日	翌年1月下旬～2月上旬の日曜日
合格発表	10月上旬、3級は8月下旬	翌年3月中旬

※日程の詳細については都道府県職業能力開発協会（連絡先等は別表2参照）にお問い合わせ下さい。

5　技能検定の実施体制

技能検定は厚生労働大臣が定めた、実施計画に基づいて行うものですが、その実施業務は、厚生労働大臣、都道府県知事、中央職業能力開発協会、都道府県職業能力開発協会等の間で分担されており、受検の受付及び試験の実施については、都道府県職業能力開発協会が行っています。

6　技能検定試験受検手数料

技能検定試験の受検手数料は「実技試験：18,200円」及び「学科試験：3,100円」を標準額として、職種ごとに各都道府県で決定しています（令和2年4月1日現在、都道府県知事が実施する111職種）。

なお、35歳未満の方は、2級又は3級の実技試験の受検手数料が最大9,000円減額されます。詳しくは都道府県職業能力開発協会にお問い合わせ下さい。

7　技能検定の合格者

技能検定の合格者には、厚生労働大臣名（特級、1級、単一等級）又は都道府県知事名等（2級、3級）の合格証明が交付され、技能士と称することができます。

別表１

技能検定の受検に必要な実務経験年数一覧

（都道府県知事が実施する検定職種）

（単位：年）

受検対象者（※1）		特級 1級合格後	1級	1級 2級合格後	1級 3級合格後	2級	2級 3級合格後	3級（※7）	基礎級（※7）	単一等級
実務経験のみ			7			2		0 ※8	0 ※8	3
専門高校卒業　※2 専修学校（大学入学資格付与課程に限る）卒業			6			0		0	0	1
短大・高専・高校専攻科卒業　※2 専門職大学前期課程修了 専修学校（大学編入資格付与課程に限る）卒業			5			0		0	0	0
大学卒業（専門職大学前期課程修了者を除く）　※2 専修学校（大学院入学資格付与課程に限る）卒業			4			0		0	0	0
専修学校　※3 又は各種学校卒業 （厚生労働大臣が指定したものに限る。）	800時間以上	5	6	2	4	0	0	0 ※9	0 ※9	1
	1600時間以上		5			0		0 ※9	0 ※9	1
	3200時間以上		4			0		0 ※9	0 ※9	0
短期課程の普通職業訓練修了 ※4 ※10	700時間以上		6			0		0 ※6	0 ※6	1
普通課程の普通職業訓練修了 ※4 ※10	2800時間未満		5			0		0	0	1
	2800時間以上		4			0		0	0	0
専門課程又は特定専門課程の高度職業訓練修了 ※4 ※10			3	1	2	0		0	0	0
応用課程又は特定応用課程の高度職業訓練修了 ※10			1			0		0	0	0
長期課程又は短期養成課程の指導員訓練修了 ※10			1 ※5			0 ※5		0	0	0
職業訓練指導員免許取得			1			—	—	—	—	0
長期養成課程の指導員訓練修了 ※10			0			0	0	0	0	0

※１：検定職種に関する学科、訓練科又は免許職種に限る。

※２：学校教育法による大学、短期大学又は高等学校と同等以上と認められる外国の学校又は他法令学校を卒業した者並びに独立行政法人大学改革支援・学位授与機構により学士の学位を授与された者は学校教育法に基づくそれぞれのものに準ずる。

※３：大学入学資格付与課程、大学編入資格付与課程及び大学院入学資格付与課程の専修学校を除く。

※４：職業訓練法の一部を改正する法律（昭和53年法律第40号）の施行前に、改正前の職業訓練法に基づく高等訓練課程又は特別高等訓練課程の養成訓練を修了した者は、それぞれ改正後の職業能力開発促進法に基づく普通課程の普通職業訓練又は専門課程の高度職業訓練を修了したものとみなす。また、職業能力開発促進法の一部を改正する法律（平成４年法律第67号）の施行前に、改正前の職業能力開発促進法に基づく専門課程の養成訓練を修了した者は、専門課程の高度職業訓練を修了したものとみなし、改正前の職業能力開発促進法に基づく普通課程の養成訓練又は職業転換課程の能力再開発訓練（いずれも800時間以上のものに限る。）を修了した者はそれぞれ改正後の職業能力開発促進法に基づく普通課程又は短期課程の普通職業訓練を修了したものとみなす。

※５：短期養成課程の指導員訓練のうち、実務経験者訓練技法習得コースの修了者については、訓練修了後に行われる能力審査（職業訓練指導員試験に合格した者と同等以上の能力を有すると職業能力開発総合大学校の長が認める審査）に合格しているものに限る。

※６：総訓練時間が700時間未満のものを含む。

※７：３級及び基礎級の技能検定については、上記のほか、検定職種に関する学科に在学する者及び検定職種に関する訓練科において職業訓練を受けている者も受検できる。また、３級の技能検定については工業高等学校に在学する者等であって、かつ、工業高等学校の教員等による検定職種に係る講習を受講し、当該講習の責任者から技能検定試験受検に際して安全衛生上の問題等がないと判定されたものも受検できる。

※８：検定職種に関し実務の経験を有する者について、受検資格を認めることとする。

※９：当該学校が厚生労働大臣の指定を受けたものであるか否かに関わらず、受検資格を付与する。

※10：職業能力開発促進法第92条に規定する職業訓練又は指導員訓練に準ずる訓練の修了者においても、修了した職業訓練又は指導員訓練の訓練課程に応じ、受検資格を付与する。

別表2　# 都道府県及び中央職業能力開発協会所在地一覧

（令和２年４月現在）

協　会　名	郵便番号	所　在　地	電話番号
北海道職業能力開発協会	003-0005	札幌市白石区東札幌５条1-1-2　北海道立職業能力開発支援センター内	011-825-2386
青森県職業能力開発協会	030-0122	青森市大字野尻字今田43-1　青森県立青森高等技術専門校内	017-738-5561
岩手県職業能力開発協会	028-3615	紫波郡矢巾町大字南矢幅10-3-1　岩手県立産業技術短期大学校内	019-613-4620
宮城県職業能力開発協会	981-0916	仙台市青葉区青葉町16-1	022-271-9917
秋田県職業能力開発協会	010-1601	秋田市向浜1-2-1　秋田県職業訓練センター内	018-862-3510
山形県職業能力開発協会	990-2473	山形市松栄2-2-1	023-644-8562
福島県職業能力開発協会	960-8043	福島市中町8-2　福島県自治会館５階	024-525-8681
茨城県職業能力開発協会	310-0005	水戸市水府町864-4　茨城県職業人材育成センター内	029-221-8647
栃木県職業能力開発協会	320-0032	宇都宮市昭和1-3-10　栃木県庁舎西別館	028-643-7002
群馬県職業能力開発協会	372-0801	伊勢崎市宮子町1211-1	0270-23-7761
埼玉県職業能力開発協会	330-0074	さいたま市浦和区北浦和5-6-5　埼玉県浦和合同庁舎５階	048-829-2802
千葉県職業能力開発協会	261-0026	千葉市美浜区幕張西4-1-10	043-296-1150
東京都職業能力開発協会	102-8113	千代田区飯田橋3-10-3　東京しごとセンター７階	03-5211-2353
神奈川県職業能力開発協会	231-0026	横浜市中区寿町1-4　かながわ労働プラザ６階	045-633-5419
新潟県職業能力開発協会	950-0965	新潟市中央区新光町15-2　新潟県公社総合ビル４階	025-283-2155
富山県職業能力開発協会	930-0094	富山市安住町7-18　安住町第一生命ビル２階	076-432-9887
石川県職業能力開発協会	920-0862	金沢市芳斉1-15-15　石川県職業能力開発プラザ３階	076-262-9020
福井県職業能力開発協会	910-0003	福井市松本3-16-10　福井県職員会館ビル４階	0776-27-6360
山梨県職業能力開発協会	400-0055	甲府市大津町2130-2	055-243-4916
長野県職業能力開発協会	380-0836	長野市大字南長野南県町688-2　長野県婦人会館３階	026-234-9050
岐阜県職業能力開発協会	509-0109	各務原市テクノプラザ1-18　岐阜県人材開発支援センター内	058-260-8686
静岡県職業能力開発協会	424-0881	静岡市清水区楠160	054-345-9377
愛知県職業能力開発協会	451-0035	名古屋市西区浅間2-3-14　愛知県職業訓練会館内	052-524-2034
三重県職業能力開発協会	514-0004	津市栄町1-954　三重県栄町庁舎４階	059-228-2732
滋賀県職業能力開発協会	520-0865	大津市南郷5-2-14	077-533-0850
京都府職業能力開発協会	612-8416	京都市伏見区竹田流池町121-3　京都府立京都高等技術専門校内	075-642-5075
大阪府職業能力開発協会	550-0011	大阪市西区阿波座2-1-1　大阪本町西第一ビルディング６階	06-6534-7510
兵庫県職業能力開発協会	650-0011	神戸市中央区下山手通6-3-30　兵庫勤労福祉センター１階	078-371-2091
奈良県職業能力開発協会	630-8213	奈良市登大路町38-1　奈良県中小企業会館２階	0742-24-4127
和歌山県職業能力開発協会	640-8272	和歌山市砂山南3-3-38　和歌山技能センター内	073-425-4555
鳥取県職業能力開発協会	680-0845	鳥取市富安2-159　久本ビル５階	0857-22-3494
島根県職業能力開発協会	690-0048	松江市西嫁島1-4-5　SPビル２階	0852-23-1755
岡山県職業能力開発協会	700-0824	岡山市北区内山下2-3-10　アマノビル３階	086-225-1547
広島県職業能力開発協会	730-0052	広島市中区千田町3-7-47　広島県情報プラザ５階	082-245-4020
山口県職業能力開発協会	753-0051	山口市旭通り2-9-19　山口建設ビル３階	083-922-8646
徳島県職業能力開発協会	770-8006	徳島市新浜町1-1-7	088-663-2316
香川県職業能力開発協会	761-8031	高松市郷東町587-1　地域職業訓練センター内	087-882-2854
愛媛県職業能力開発協会	791-1101	松山市久米窪田町487-2　愛媛県産業技術研究所　管理棟２階	089-993-7301
高知県職業能力開発協会	781-5101	高知市布師田3992-4	088-846-2300
福岡県職業能力開発協会	813-0044	福岡市東区千早5-3-1　福岡人材開発センター２階	092-671-1238
佐賀県職業能力開発協会	840-0814	佐賀市成章町1-15	0952-24-6408
長崎県職業能力開発協会	851-2127	西彼杵郡長与町高田郷547-21	095-894-9971
熊本県職業能力開発協会	861-2202	上益城郡益城町田原2081-10　電子応用機械技術研究所内	096-285-5818
大分県職業能力開発協会	870-1141	大分市大字下宗方字古川1035-1　大分職業訓練センター内	097-542-3651
宮崎県職業能力開発協会	889-2155	宮崎市学園木花台西2-4-3	0985-58-1570
鹿児島県職業能力開発協会	892-0836	鹿児島市錦江町9-14	099-226-3240
沖縄県職業能力開発協会	900-0036	那覇市西3-14-1	098-862-4278
中央職業能力開発協会	160-8327	新宿区西新宿7-5-25　西新宿プライムスクエア11階	03-6758-2859

仕上げ

実技試験問題

平成31年度技能検定
2級 仕上げ(治工具仕上げ作業)
実技試験問題

次の試験時間、注意事項及び仕様に従い、「4. 試験用材料」に示すものを使用して、「3.1 課題図」に示す部品を2個製作し、組立図のように組み合うようにしなさい。

1. 試験時間

標準時間　　　3時間

打切り時間　　3時間30分

2. 注意事項

(1) 支給された材料の品名、数量等が、試験用材料のとおりであることを確認すること。

(2) 支給された材料に異常がある場合は、申し出ること。

(3) 試験開始後は、原則として、試験用材料の再支給はされない。

(4) 使用工具等は、使用工具等一覧表で指定したもの以外は使用しないこと。

(5) 試験中は、工具等の貸し借りを禁止する。

(6) 作業時の服装等は、作業に適したものであること。

(7) 標準時間を超えて作業を行った場合は、超過時間に応じて減点される。

(8) 作業が終了したら、その旨を技能検定委員に対して申し出ること。

(9) **この試験問題には、事前に書込みをしないこと。**
また、試験中には、他の用紙にメモをしたものや参考書等を参照することは禁止とする。

(10) 次の事項に該当した場合は、不合格又は失格となる。ただし、下記以外も不合格又は失格となる場合がある。

イ. 基準面を加工したもの。

ロ. 部品(1)、(2)を同時に加工した場合。

(11) 試験中は、携帯電話(電卓機能の使用も含む)等の使用は禁止とする。

(12) 工具、材料の取扱い等について、そのまま継続すると機器・設備等の破損や怪我を招くおそれがある危険な行為であると技能検定委員が判断した場合、試験中にその旨を注意することがある。
また、当該注意を受けてもなお、危険な行為を続けた場合は、試験を中断し、技能検定委員全員が試験継続不可と判断した場合は、失格とする。ただし、緊急性を伴うと判断された場合は、注意を挟まず、即中止(失格)とすることがある。

3. 仕様

3.1 課題図

＜部品図＞

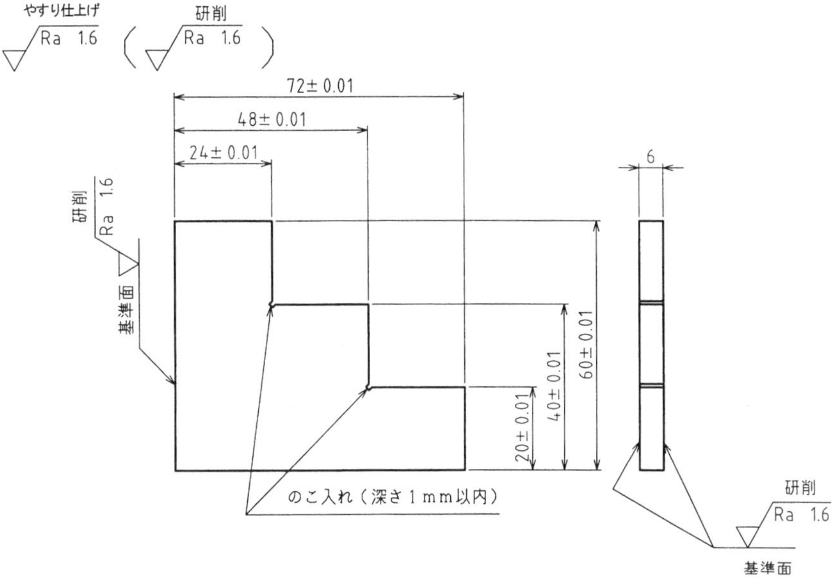

＜組立図＞

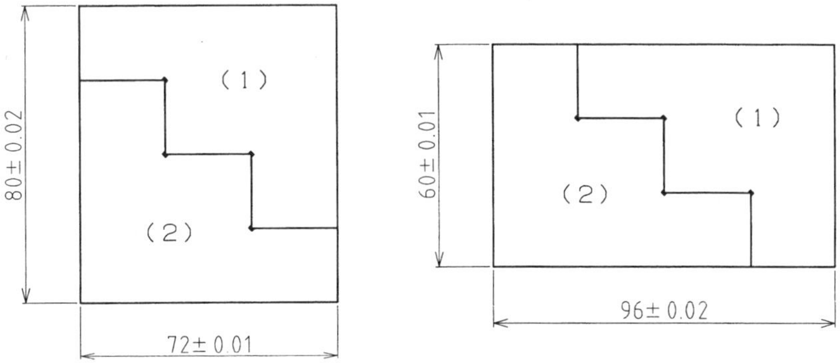

3.2 加工仕様

(1) 基準面以外は、▽Ra 1.6 にやすりで仕上げること。

(2) 基準面は、研削仕上げ面とし、加工しないこと。

(3) 指示なき各稜《りょう》は、糸面取りをすること。(基準面の稜も含む。)

(4) 部品(1)、(2)がはまり合う部分のやすり目は、長手方向に対して直角に目をそろえること。

(5) 部品(1)、(2)を同時に加工してはならない。

4. 試験用材料

試験用材料は、下表に示すものを支給する。

なお、これらの形状及び寸法については、下図のとおりである。

区分	寸法又は規格	数量	備考
部品用材料	S45C　61×73×6	2	

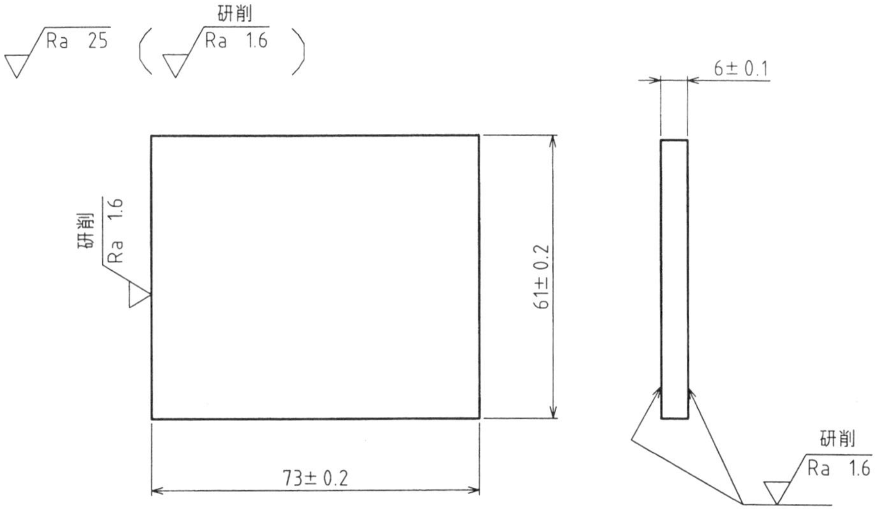

2級仕上げ(治工具仕上げ作業)実技試験使用工具等一覧表

1. 受検者が持参するもの

区分	品名	寸法又は規格	数量	備考
工具類	鉄工やすり	中目〔平〕300mm	1	・やすりは、加工したものを使用してもよい ・万能やすりの使用は不可とする ・表面にコーティングしてあってもよい
	〃	中目〔平〕200mm	1	
	〃	中目〔平〕150mm	1	
	〃	細目〔平〕150mm	1	
	組やすり(5本組)	中目〔平〕	1	
	〃	細目〔平〕	1	
	定盤	900cm^2程度 JIS B7513 2級程度の平面度をもつもの	1	試験場に準備してあるが持参してもよい
	けがき針		1	
	弓のこ(のこ刃付き)		1	予備として、のこ刃 数枚
	ハイトゲージ		1	けがき用等 デジタル表示付き又はダイヤルゲージ付きのものでもよい
	あてずり	比較測定可能寸法　不可	1	摺り合わせ用角度定規 加工面の当たり確認用等
	平行台	比較測定可能寸法　不可	1組	摺り合わせ用角度定規 摺り合わせ、けがき用等
	油といし		1	コンビといし不可
	ワイヤブラシ		1	やすり用等
	小ぼうき		1	切りくず掃除用等
測定具類	外側マイクロメータ	測定範囲 0～25mm	1	デジタル表示付き又はカウンタ表示付きのものでもよい
	〃	測定範囲 25～50mm	1	
	〃	測定範囲 50～75mm	1	
	ノギス		1	デジタル表示付き又はダイヤルゲージ付きのものでもよい
	スコヤ	比較測定可能寸法　不可	1	測定目的以外の使用は不可
	Vブロック	比較測定可能寸法　不可	1	・ブロック可 ・試験場に準備してあるが持参してもよい

<table>
<tr><th>区分</th><th>品名</th><th>寸法又は規格</th><th>数量</th><th colspan="2">備考</th></tr>
<tr><td>測定具類</td><td>スケール</td><td></td><td>1</td><td colspan="2">ホルダ付きのものでもよい</td></tr>
<tr><td rowspan="10">その他</td><td>光明丹等</td><td>無鉛のもの</td><td>若干</td><td></td><td rowspan="8">試験場に準備してあるが持参してもよい</td></tr>
<tr><td>青竹、マジックインキ</td><td></td><td>適当数</td><td>けがき用等</td></tr>
<tr><td>チョーク</td><td></td><td>適当数</td><td></td></tr>
<tr><td>ウエス</td><td></td><td>適当数</td><td></td></tr>
<tr><td>油ブラシ</td><td></td><td>適当数</td><td></td></tr>
<tr><td>切削油</td><td></td><td>若干</td><td rowspan="3">スプレー缶式(フロン系でないもの)でもよい</td></tr>
<tr><td>洗浄液</td><td></td><td>若干</td></tr>
<tr><td>エア</td><td></td><td>適宜</td></tr>
<tr><td>筆記用具</td><td></td><td>適宜</td><td colspan="2"></td></tr>
<tr><td>飲料</td><td></td><td>適宜</td><td colspan="2">熱中症対策、水分補給用</td></tr>
<tr><td rowspan="2">服装</td><td>作業服等</td><td></td><td>一式</td><td colspan="2">作業に適したもの</td></tr>
<tr><td>保護眼鏡</td><td></td><td>1</td><td colspan="2">エアガン、エアスプレー使用時等に着用</td></tr>
</table>

(注)

1. 受検者が持参するものは、上表に掲げるものに限る。
   なお、これらのうち使用する必要がないと思われるものは、持参しなくても差し支えない。
   ただし、作業服等及び保護眼鏡は、必ず持参することとし、手袋の使用は認めない。
2. 測定具類において、目量、最小読取り値等は、特に規定しない。
3. 測定具類において、測定具本体に接続して演算等を行う出力装置の使用は認めない。
4. 「飲料」については、受検者が各自で試験当日の天候、気温等を考慮の上、熱中症対策、水分補給用として、適宜、持参すること。

2. 試験場で準備するもの

数量欄の数字で、特にことわりのない場合は受検者１人当たりの数量を示す。

区分	品名	寸法又は規格	数量	備考
設備	作業台	１人当たり (W)900mm×(D)750mm×(H)740mm 程度	受検者２人当たり１台以上	安定した堅固な構造のもの
	バイス(当て板付き)	JIS 呼び寸法 100～150mm	１台	あご部は、正確な把握能力を有するもの
	定盤(けがき用)	JIS B7513 2 級程度の平面度をもつもの	受検者１人当たり１枚、又は１人当たりの定盤使用面積900cm^{2}程度	
測定具類	V ブロック	比較測定可能寸法　不可	受検者２人につき１以上	ブロック可
その他	光明丹等	無鉛のもの	若干	
	青竹、 マジックインキ		適当数	
	チョーク		適当数	
	ウエス		適当数	
	油ブラシ		適当数	
	切削油		若干	スプレー缶式(フロン系でないもの)でもよい
	洗浄液		若干	
	エア		適宜	
	エアガン		適宜	
	マーク用腐食液		適宜	電気ペンシルでも可

(注)使用工具中、日本工業規格(JIS)に定められているものは、JIS 相当品に限る。

平成31年度技能検定
1級 仕上げ(治工具仕上げ作業)
実技試験問題

次の試験時間、注意事項及び仕様に従い、「4. 試験用材料」に示すものを使用して、「3.1　課題図」に示す部品(1)及び(2)を製作し、部品(1)及び(2)の裏表を交互に組み合わせても、すきまなくしっくりとはめ合うようにしなさい。

1. 試験時間

標準時間	3時間
打切り時間	3時間30分

2. 注意事項

(1) 支給された材料の品名、数量等が、試験用材料のとおりであることを確認すること。

(2) 支給された材料に異常がある場合は、申し出ること。

(3) 試験開始後は、原則として、試験用材料の再支給はされない。

(4) 使用工具等は、使用工具等一覧表で指定したもの以外は使用しないこと。

(5) 試験中は、工具等の貸し借りを禁止する。

(6) 作業時の服装等は、作業に適したものであること。

(7) 標準時間を超えて作業を行った場合は、超過時間に応じて減点される。

(8) 作業が終了したら、その旨を技能検定委員に対して申し出ること。

(9) **この試験問題には、事前に書込みをしないこと。**
また、試験中には、他の用紙にメモをしたものや参考書等を参照することは禁止とする。

(10) 次の事項に該当した場合は、不合格又は失格となる。ただし、下記以外も不合格又は失格となる場合がある。

イ. 基準面を加工したもの。

ロ. 部品(1)、(2)を同時に加工した場合。

(11) 試験中は、携帯電話(電卓機能の使用も含む)等の使用は禁止とする。

(12) 工具、材料の取扱い等について、そのまま継続すると機器・設備等の破損や怪我を招くおそれがある危険な行為であると技能検定委員が判断した場合、試験中にその旨を注意することがある。
また、当該注意を受けてもなお、危険な行為を続けた場合は、試験を中断し、技能検定委員全員が試験継続不可と判断した場合は、失格とする。ただし、緊急性を伴うと判断された場合は、注意を挟まず、即中止(失格)とすることがある。

3. 仕様

3.1　課題図

＜組立図＞

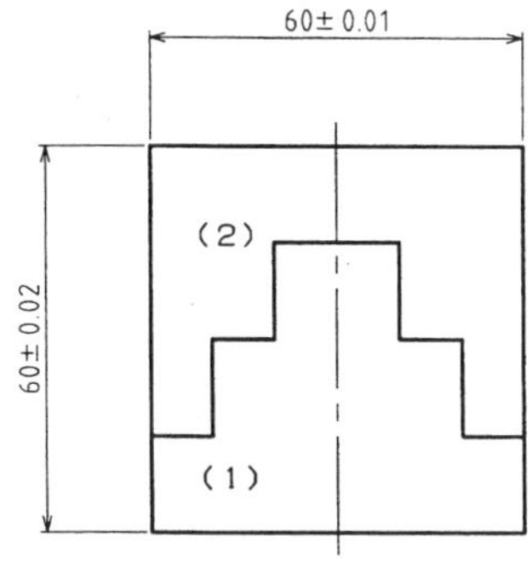

＜部品(1)＞

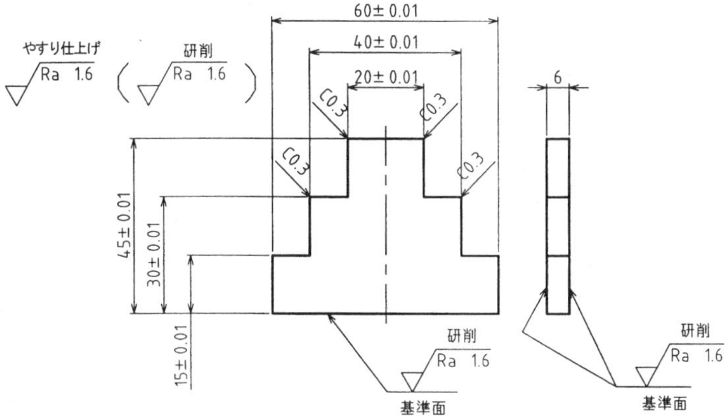

＜部品(2)＞

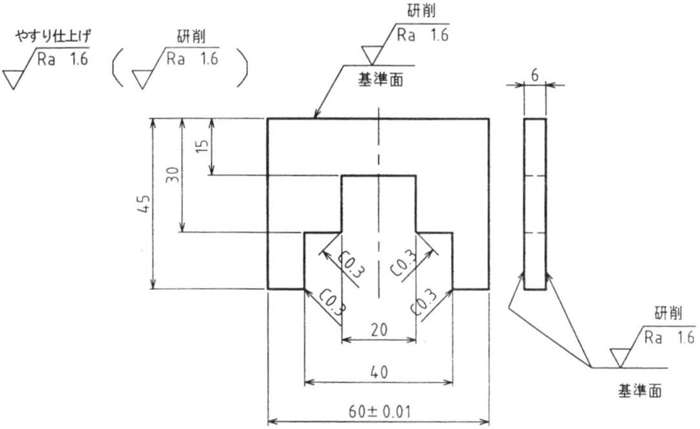

3.2　加工仕様

(1)　基準面以外は、$\bigtriangledown\!\!/\,\text{Ra 1.6}$ にやすりで仕上げること。

(2)　基準面は、研削仕上げ面とし、加工しないこと。

(3)　指示なき各稜《りょう》は、糸面取りをすること。(基準面の稜も含む。)

(4)　部品(1)、(2)がはまり合う部分のやすり目は、長手方向に対して直角に目をそろえること。

(5)　部品(1)、(2)を同時に加工してはならない。

4. 試験用材料

試験用材料は、下表に示すものを支給する。

なお、これらの形状及び寸法については、下図のとおりである。

区分	寸法又は規格	数量	備考
部品(1)用材料	S45C　46×61×6	1	
部品(2)用材料	S45C　46×61×6	1	φ16 穴あき

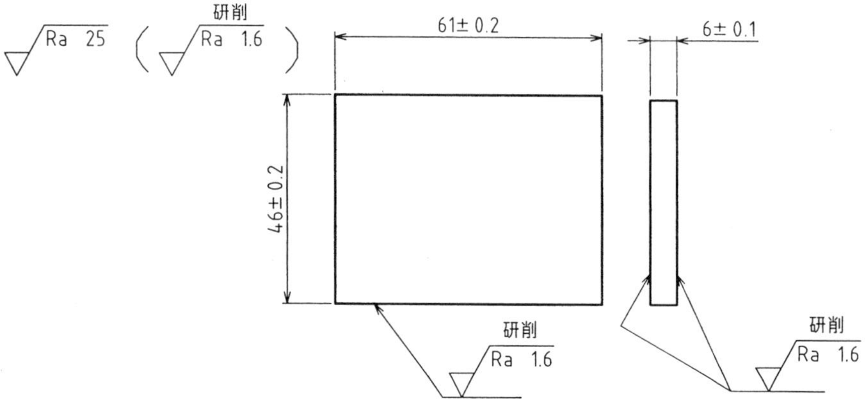

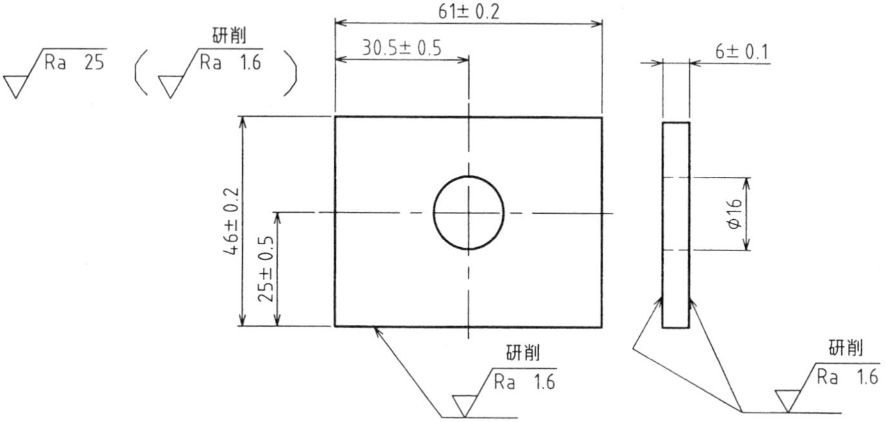

1級　仕上げ（治工具仕上げ作業）実技試験使用工具等一覧表

1. 受検者が持参するもの

区分	品名	寸法又は規格	数量	備考
工具類	鉄工やすり	荒目〔角〕250mm	1	・やすりは、加工したものを使用してもよい ・万能やすりの使用は不可とする ・表面にコーティングしてあってもよい
	〃	中目〔平〕250mm	1	
	〃	中目〔平〕150mm	1	
	〃	細目〔平〕150mm	1	
	組やすり(5本組)	中目〔平〕	1	
	〃	細目〔平〕	1	
	定盤	900cm^2程度 JIS B7513 2級程度の平面度をもつもの	1	試験場に準備してあるが持参してもよい
	けがき針		1	
	弓のこ(のこ刃付き)		1	予備として、のこ刃 数枚
	ハイトゲージ		1	けがき用等 デジタル表示付き又はダイヤルゲージ付きのものでもよい
	あてずり	比較測定可能寸法　不可	1	摺り合わせ用角度定規 加工面の当たり確認用等
	平行台	比較測定可能寸法　不可	1組	摺り合わせ用角度定規 摺り合わせ、けがき用等
	油といし		1	コンビといし不可
	ワイヤブラシ		1	やすり用等
	小ぼうき		1	切りくず掃除用等
測定具類	外側マイクロメータ	測定範囲 0～25mm	1	デジタル表示付き又はカウンタ表示付きのものでもよい
	〃	測定範囲 25～50mm	1	
	〃	測定範囲 50～75mm	1	
	ノギス		1	デジタル表示付き又はダイヤルゲージ付きのものでもよい
	スコヤ	比較測定可能寸法　不可	1	測定目的以外の使用は不可
	Vブロック	比較測定可能寸法　不可	1	・ブロック可 ・試験場に準備してあるが持参してもよい

<table>
<tr><th>区分</th><th>品名</th><th>寸法又は規格</th><th>数量</th><th colspan="2">備考</th></tr>
<tr><td>測定具類</td><td>スケール</td><td></td><td>1</td><td colspan="2">ホルダ付きのものでもよい</td></tr>
<tr><td rowspan="10">その他</td><td>光明丹等</td><td>無鉛のもの</td><td>若干</td><td></td><td rowspan="8">試験場にあるが、持参してもよい</td></tr>
<tr><td>青竹、マジックインキ</td><td></td><td>適当数</td><td>けがき用等</td></tr>
<tr><td>チョーク</td><td></td><td>適当数</td><td></td></tr>
<tr><td>ウエス</td><td></td><td>適当数</td><td></td></tr>
<tr><td>油ブラシ</td><td></td><td>適当数</td><td></td></tr>
<tr><td>切削油</td><td></td><td>若干</td><td rowspan="3">スプレー缶式(フロン系でないもの)でもよい</td></tr>
<tr><td>洗浄液</td><td></td><td>若干</td></tr>
<tr><td>エア</td><td></td><td>適宜</td></tr>
<tr><td>筆記用具</td><td></td><td>適宜</td><td colspan="2"></td></tr>
<tr><td>飲料</td><td></td><td>適宜</td><td colspan="2">熱中症対策、水分補給用</td></tr>
<tr><td rowspan="2">服装</td><td>作業服等</td><td></td><td>一式</td><td colspan="2">作業に適したもの</td></tr>
<tr><td>保護眼鏡</td><td></td><td>1</td><td colspan="2">エアガン、エアスプレー使用時等に着用</td></tr>
</table>

(注)

1. 受検者が持参するものは、上表に掲げるものに限る。
   なお、これらのうち使用する必要が無いと思われるものは、持参しなくても差し支えない。
   ただし、作業服等及び保護眼鏡は、必ず持参することとし、手袋の使用は認めない。
2. 測定具類において、目量、最小読取り値等は特に規定しない。
3. 測定具類において、測定具本体に接続して演算等を行う出力装置の使用は認めない。
4. 「飲料」については、受検者が各自で試験当日の天候、気温等を考慮の上、熱中症対策、水分補給用として、適宜、持参すること。

2. 試験場で準備するもの

(数量欄の数字は、特にことわりのない場合は受検者 1 人当たりの数量を示す。)

区分	品名	寸法又は規格	数量	備考
設備	作業台	1 人当たり (W)900mm×(D)750mm×(H)740mm 程度	受検者 2 人当たり 1 台以上	安定した堅固な構造のもの
	バイス(当て板付き)	JIS 呼び寸法 100～150mm	1 台	あご部は、正確な把握能力を有するもの
	定盤(けがき用)	JIS B7513 2 級程度の平面度をもつもの	受検者 1 人当たり 1 枚、又は 1 人当たり定盤使用面積 900cm^2 程度	
測定具類	V ブロック	比較測定可能寸法　不可	受検者 2 人につき 1 以上	ブロック可
その他	光明丹等	無鉛のもの	若干	
	青竹、マジックインキ		適当数	
	チョーク		適当数	
	ウエス		適当数	
	油ブラシ		適当数	
	切削油		若干	スプレー缶式(フロン系でないもの)でもよい
	洗浄液		若干	
	エア		適宜	
	エアガン		適宜	
	マーク用腐食液		適宜	電気ペンシルでも可

(注)使用工具中、日本工業規格(JIS)に定められているものは、JIS 相当品に限る。

平成31年度技能検定
2級　仕上げ(金型仕上げ作業)
実技試験問題

次の試験時間、注意事項及び仕様に従い、「4. 試験用材料」に示すものを使用して、「3.1　課題図」に示す部品を製作しなさい。

1. 試験時間

標準時間　　3時間
打切り時間　　3時間30分

2. 注意事項

(1) 支給された材料の寸法、数量等が、支給材料のとおりであることを確認すること。
(2) 支給された材料に異常がある場合は、技能検定委員に申し出ること。
(3) 試験開始後は、原則として試験用材料の再支給はされない。
(4) 使用工具等は、使用工具等一覧表で指定したもの以外は使用しないこと。
(5) 試験中は、工具等の貸し借りを禁止する。
(6) 作業時の服装等は、作業に適したものであること。
(7) 標準時間を超えて作業を行った場合は、超過時間に応じて減点される。
(8) 作業が終了したら、その旨を技能検定委員に申し出ること。
(9) **この試験問題には、事前に書込みをしないこと。**
また、試験中には、他の用紙にメモをしたものや参考書等を参照することは禁止とする。
(10) 次の事項に該当した場合は、不合格又は失格となる。ただし、下記以外も不合格又は失格となる場合がある。
イ．基準面を取り違えた場合。
ロ．基準面を加工した場合。
ハ．表面をハンマでたたきだした場合。
ニ．内周の面取りをした場合。
(11) 試験中は、携帯電話(電卓機能の使用も含む)等の使用は禁止とする。
(12) 工具・材料の取扱い等について、そのまま継続すると機器・設備等の破損や怪我を招くおそれがある危険な行為であると技能検定委員が判断した場合、試験中にその旨を注意することがある。さらに、当該注意を受けてもなお、危険な行為を続けた場合は、試験を中断し、技能検定委員全員が試験継続不可と判断した場合は、失格とする。ただし、緊急性を伴うと判断された場合は、注意を挟まず、即中止(失格)とすることがある。

3. 仕様

3.1　課題図

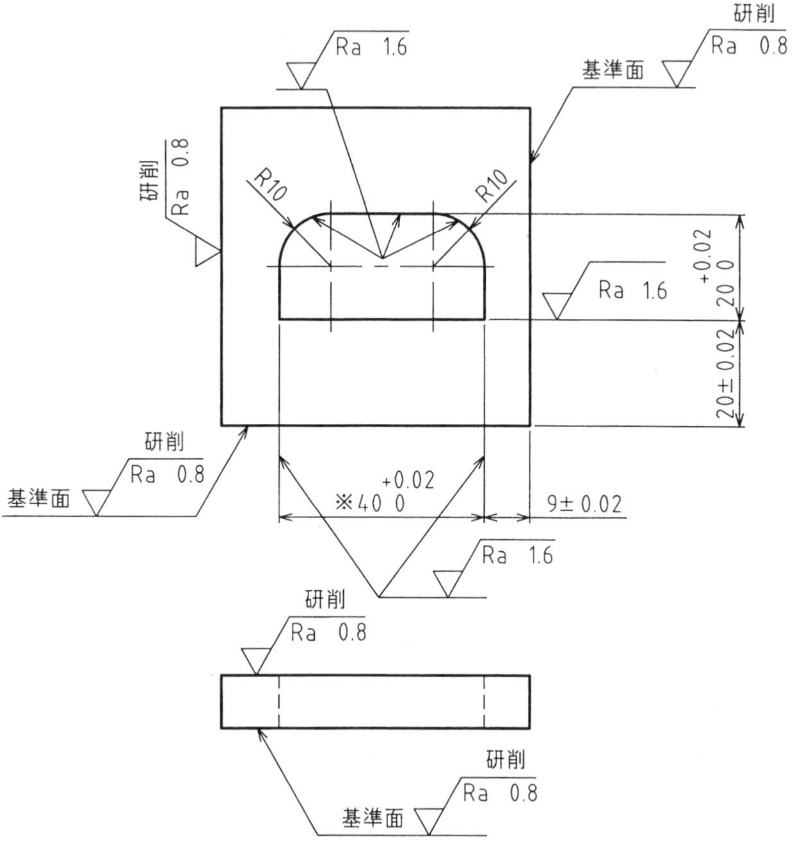

3.2　加工仕様

(1)　▽Ra 1.6　指示の面は、やすりにより仕上げること。

(2)　寸法が記入されていない箇所は、でき上がり寸法とすること。

(3)　※印部の寸法は、マイナスにしないこと。

(4)　基準面は、研削仕上げしてあるので、加工しないこと。

(5)　円弧 R10 は、別に貸与される直径 20mm の基準栓ゲージに合わせて、すきまの無いように仕上げること。

(6)　やすり目の方向は、自由とする。

(7)　内周の面取りは、一切行わないこと。ただし、外周の各稜《りょう》は、糸面取り(C0.2 以内)をしてもよい。

(8)　材料の表面は、ハンマ等でたたき出さないこと。

4. 試験用材料

試験用材料は、下表に示すものを支給する。

なお、これらの形状及び寸法については、下図のとおりである。

区分	寸法又は規格	数量	備考
部品用材料	SS400	1	

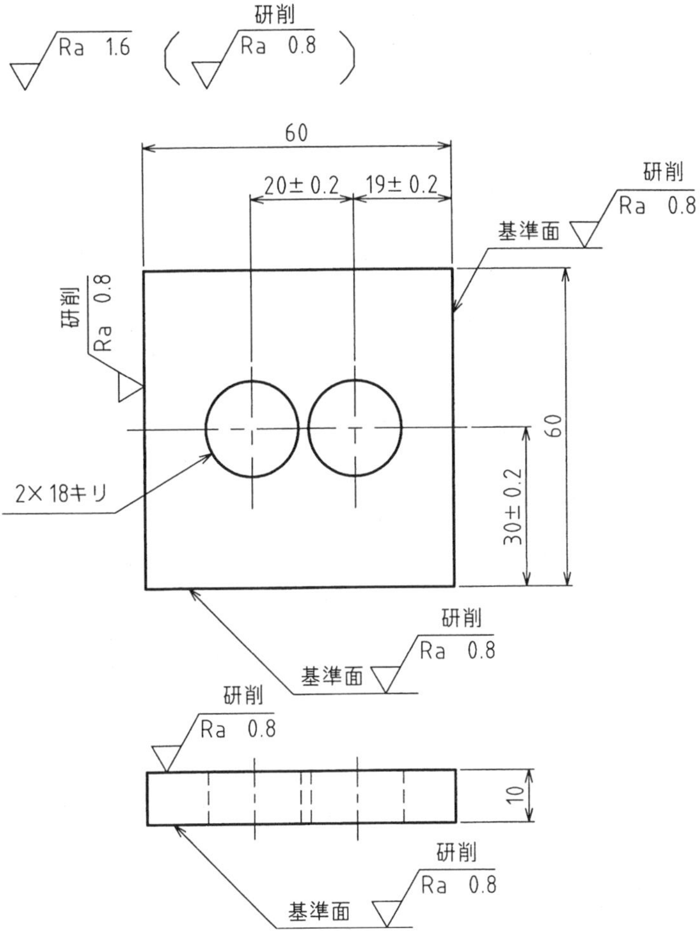

【加工上の注意】

研削面は、平行度及び基準面との直角度を特に重視して作製すること。

2 級仕上げ(金型仕上げ作業)実技試験使用工具等一覧表

1. 受検者が持参するもの

区分	品名	寸法又は規格	数量	備考
工具等	組やすり(5 本組)	中目〔平〕	1	・やすりは、加工したものを使用してもよい ・万能やすりの使用は不可とする ・表面にコーティングしてあってもよい
	〃	中目〔角〕	1	
	〃	中目〔半(甲)丸〕	1	
	〃	細目〔平〕	1	
	鉄工やすり	荒目〔丸〕300mm	1	
	〃	荒目〔平〕250mm	1	
	〃	荒目〔角〕250mm	1	
	〃	荒目〔半(甲)丸〕150mm	1	
	〃	細目〔平〕150mm	1	
	〃	細目〔半(甲)丸〕150mm	1	
	定盤	900cm² 程度 JIS B7513 2 級程度の平面度をもつもの	1	試験場に準備してあるが持参してもよい
	けがき針		1	
	ハイトゲージ		1	けがき用等 デジタル表示付き又はダイヤルゲージ付きでもよい
	油といし		1	コンビといし不可
	ワイヤブラシ		1	やすり用等
	ブラシ		1	切削油滴下用等
	コンパス		1	
	ハンマ		1	
	小ぼうき		1	切りくず掃除用等
	あてずり	比較測定可能寸法　不可	1	摺り合わせ用角度定規 加工面の当たり確認用等 ※測定補助具として使用可
	平行台	比較測定可能寸法　不可	1 組	摺り合わせ用角度定規 摺り合わせ、けがき用等 ※測定補助具として使用可
	センタポンチ		1	
	弓のこ(のこ刃付き)		1	予備としてのこ刃を数枚
	抜き棒		適当数	心金用
測定具等	外側マイクロメータ	測定範囲 0～25mm	1	デジタル表示付き又はダイヤルゲージ付きでもよい
	〃	測定範囲 50～75mm	1	
	内側マイクロメータ	測定範囲 5～25mm	1	
	〃	測定範囲 25～50mm	1	
	ノギス		1	
	スケール		1	ホルダ付きでもよい

<table>
<tr><th>区分</th><th>品名</th><th>寸法又は規格</th><th>数量</th><th colspan="2">備考</th></tr>
<tr><td>測定具等</td><td>スコヤ</td><td>比較測定可能寸法　不可</td><td>1</td><td colspan="2">測定目的以外の使用は不可</td></tr>
<tr><td rowspan="9">その他</td><td>光明丹等</td><td>無鉛のもの</td><td>若干</td><td></td><td rowspan="7">試験場に準備してあるが持参してもよい</td></tr>
<tr><td>青竹、
マジックインキ</td><td></td><td>適当数</td><td></td></tr>
<tr><td>チョーク</td><td></td><td>適当数</td><td></td></tr>
<tr><td>ウエス</td><td></td><td>適当数</td><td></td></tr>
<tr><td>エア</td><td></td><td>適宜</td><td rowspan="3">スプレー缶式(フロン系でないもの)でも可</td></tr>
<tr><td>切削油</td><td></td><td>若干</td></tr>
<tr><td>洗浄液</td><td></td><td>若干</td></tr>
<tr><td>筆記用具</td><td></td><td>適宜</td><td colspan="2"></td></tr>
<tr><td>飲料</td><td></td><td>適宜</td><td colspan="2">熱中症対策、水分補給用</td></tr>
<tr><td rowspan="2">服装</td><td>作業服等</td><td></td><td>一式</td><td colspan="2">作業に適したもの</td></tr>
<tr><td>保護眼鏡</td><td></td><td>1</td><td colspan="2">エアガン、スプレー等使用時に着用</td></tr>
</table>

(注)

1. 持参するものは、上表に掲げるものに限る。
なお、これらのうち、使用する必要がないと思われるものは、持参しなくても差し支えない。
ただし、作業服等及び保護眼鏡は必ず持参することとし、手袋の使用は認めない。
2. 測定具類において、目量、最小読取り値等は特に規定しない。
3. 測定具類において、測定具本体に接続して演算等を行う出力装置の使用は認めない。
4. 「飲料」については、受検者が各自で試験当日の天候、気温等を考慮の上、熱中症対策、水分補給用として、適宜、持参すること。

2. 試験場に準備されているもの

(数量欄の数字は、特にことわりのない限り、受検者１人当たりの数量を示す。)

区分	品名	寸法又は規格	数量	備考
設備等	作業台	１人当たり (W)900mm × (D)750mm ×(H)740mm 程度	受検者２人当たり １台以上	安定した堅固な構造のもの
	バイス(当て板付き)	JIS　呼び寸法 100～150mm	１台	あご部は、正確な把握能力を有するもの
	定盤	JIS B7513 ２級程度の平面度をもつもの	受検者１人当たり１枚又は１人当たり定盤使用面積 900cm^2 程度	
測定具等	基準栓ゲージ	直径 20mm	1	
その他	けがき用心金	アルミニウム板又は銅板 厚さ 3mm 20mm×10mm 角	2	
	抜き棒		若干	心金用
	光明丹等	無鉛のもの	若干	
	青竹、 マジックインキ		若干	
	チョーク		若干	
	ウエス		若干	
	切削油		若干	スプレー缶式(フロン系でないもの)でも可
	洗浄液		若干	
	エア		適宜	
	エアガン		適宜	
	マーク用腐食液		適宜	電気ペンシルでも可

(注)使用工具中、日本工業規格(JIS)に定められているものは、JIS 相当品に限る。

平成31年度技能検定
1級　仕上げ(金型仕上げ作業)
実技試験問題

次の試験時間、注意事項及び仕様に従い、「4. 試験用材料」に示すものを使用して、「3.1　課題図」に示す部品を製作しなさい。

1. 試験時間

標準時間　　　3時間
打切り時間　　3時間30分

2. 注意事項

(1) 支給された材料の寸法、数量等が、支給材料のとおりであることを確認すること。
(2) 支給された材料に異常がある場合は、技能検定委員に申し出ること。
(3) 試験開始後は、原則として試験用材料の再支給はされない。
(4) 使用工具等は、使用工具等一覧表で指定したもの以外は使用しないこと。
(5) 試験中は、工具等の貸し借りを禁止する。
(6) 作業時の服装等は、作業に適したものであること。
(7) 標準時間を超えて作業を行った場合は、超過時間に応じて減点される。
(8) 作業が終了したら、その旨を技能検定委員に申し出ること。
(9) **この試験問題には、事前に書込みをしないこと。**
また、試験中には、他の用紙にメモをしたものや参考書等を参照することは禁止とする。
(10) 次の事項に該当した場合は、不合格又は失格となる。ただし、下記以外も不合格又は失格となる場合がある。
イ. 基準面を取り違えた場合。
ロ. 基準面を加工した場合。
ハ. 表面をハンマでたたきだした場合。
ニ. 内周の面取りをした場合。
ホ. φ29の基準栓ゲージが、製品と面一となるまで入らない場合。
(11) 試験中は、携帯電話(電卓機能の使用も含む)等の使用は禁止とする。
(12) 工具・材料の取扱い等について、そのまま継続すると機器・設備等の破損や怪我を招くおそれがある危険な行為であると技能検定委員が判断した場合、試験中にその旨を注意することがある。さらに、当該注意を受けてもなお、危険な行為を続けた場合は、試験を中断し、技能検定委員全員が試験継続不可と判断した場合は、失格とする。ただし、緊急性を伴うと判断された場合は、注意を挟まず、即中止(失格)とすることがある。

3. 仕様

3.1 課題図

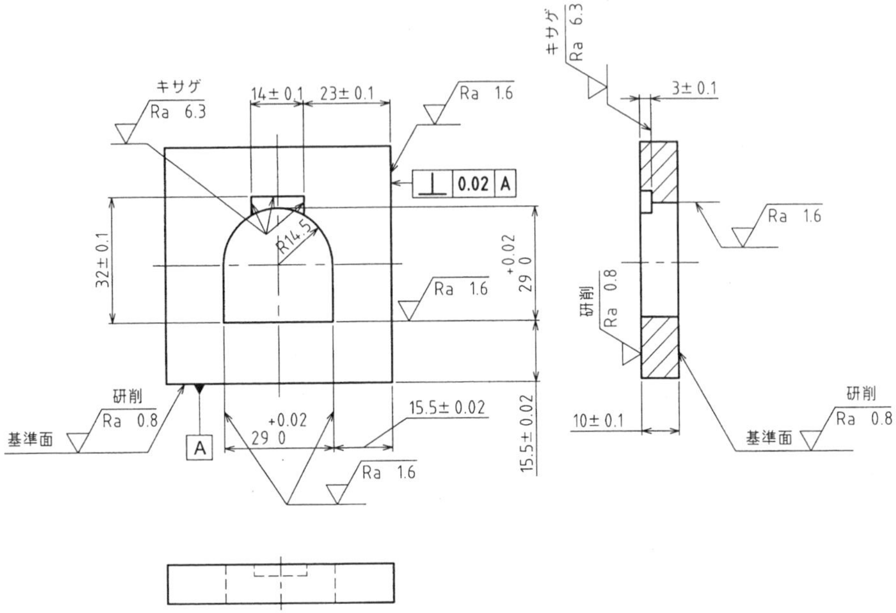

3.2 加工仕様

(1) 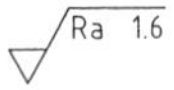

指示の面は、やすりにより仕上げること。(きさげは、使用しないこと。)

(2) 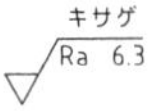

指示の面は、たがね加工後、きさげ加工を行うものとし、各々のすみは、R0.2以下に仕上げること。

(3) 寸法が記入されていない箇所は、でき上がり寸法とすること。

(4) 基準面は、研削仕上げしてあるので、加工しないこと。

(5) 円弧 R14.5 は、別に貸与される直径 29mm の基準栓ゲージに合わせて、すきまの無いように仕上げること。

(6) やすり目の方向は、自由とする。

(7) 内周の面取りは、一切行わないこと。ただし、外周の各稜《りょう》は、糸面取り(C0.2 以内)をしてもよい。

(8) 材料の表面は、ハンマ等でたたき出さないこと。

4. 試験用材料

試験用材料は、下表に示すものを支給する。

なお、これらの形状及び寸法については、下図のとおりである。

区分	寸法又は規格	数量	備考
部品用材料	SS400	1	

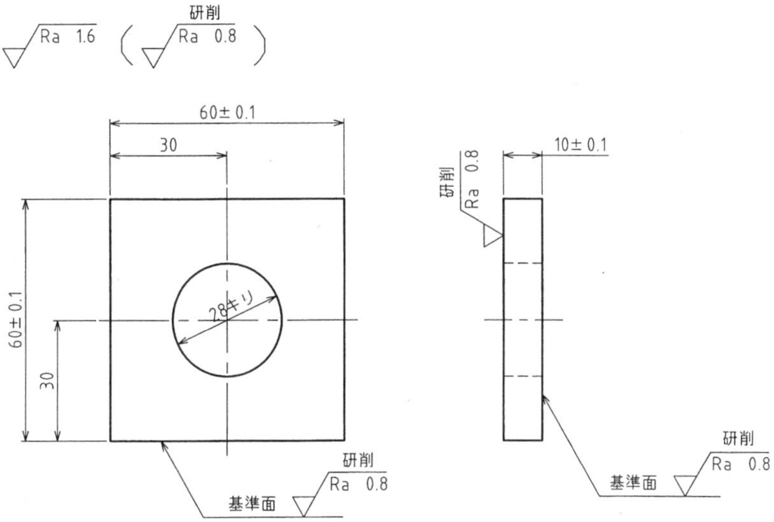

【加工上の注意】

研削面は、平行度及び基準面との直角度を特に重視して作製すること。

1級仕上げ(金型仕上げ作業)実技試験使用工具等一覧表

1. 受検者が持参するもの

区分	品名	寸法又は規格	数量	備考
工具等	組やすり(5本組)	中目〔平〕	1	・やすりは、加工したものを使用してもよい ・万能やすりの使用は不可とする ・表面にコーティングしてあってもよい
	〃	中目〔三角〕	1	
	〃	中目〔半(甲)丸〕	1	
	鉄工やすり	荒目〔平〕250mm	1	
	〃	荒目〔角〕300mm	1	
	〃	荒目〔半(甲)丸〕200mm	1	
	〃	細目〔平〕150mm	1	
	〃	細目〔半(甲)丸〕150mm	1	
	定盤	900cm^2程度 JIS B7513 2級程度の平面度をもつもの	1	試験場に準備してあるが持参してもよい
	けがき針		1	
	ハイトゲージ		1	けがき用等 デジタル表示付き又はダイヤルゲージ付きでもよい
	油といし		1	コンビといし不可
	ワイヤブラシ		1	やすり用等
	コンパス		1	
	ハンマ		1	
	たがね		5	
	きさげ		3	
	小ぼうき		1	切りくず掃除用等
	あてずり	比較測定可能寸法　不可	1	摺り合わせ用角度定規 加工面の当たり確認用等 ※測定補助具として使用可
	平行台	比較測定可能寸法　不可	1組	摺り合わせ用角度定規 摺り合わせ、けがき用等 ※測定補助具として使用可
	センタポンチ		1	
	抜き棒		適当数	心金用
測定具等	外側マイクロメータ	測定範囲 0～25mm	1	デジタル表示付き又はダイヤルゲージ付きでもよい
	ノギス		1	
	スケール		1	ホルダ付きでもよい
	内パス	小	1	
	スコヤ	比較測定可能寸法　不可	1	測定目的以外の使用は不可
その他	光明丹等	無鉛のもの	若干	試験場に準備してあるが持参してもよい

区分	品名	寸法又は規格	数量	備考	
その他	青竹、 マジックインキ		適当数		試験場に準備してあるが持参してもよい
	チョーク		適当数		
	ウエス		適当数		
	エア		適宜	スプレー缶式(フロン系でないもの)でも可	
	切削油		若干		
	洗浄液		若干		
	筆記用具		適宜		
	飲料		適宜	熱中症対策、水分補給用	
服装	作業服等		1式	作業に適したもの	
	保護眼鏡		1	エアガン、スプレー等使用時、はつり作業時に着用	

(注)

1. 持参するものは、上表に掲げるものに限る。
   なお、これらのうち、使用する必要が無いと思われるものは、持参しなくても差し支えない。
   ただし、作業服等及び保護眼鏡は必ず持参することとし、手袋の使用は認めない。
2. 測定具類において、目量、最小読取り値等は特に規定しない。
3. 測定具類において、測定具本体に接続して演算等を行う出力装置の使用は認めない。
4. 「飲料」については、受検者が各自で試験当日の天候、気温等を考慮の上、熱中症対策、水分補給用として、適宜、持参すること。

2. 試験場に準備されているもの

(数量欄の数字は、特にことわりのない限り場合は受検者1人当たりの数量を示す。)

区分	品名	寸法又は規格	数量	備考
設備等	作業台	1人当たり (W)900mm × (D)750mm ×(H)740mm 程度	受検者2人当たり 1台以上	安定した堅固な構造のもの
	バイス(当て板付き)	JIS　呼び寸法 100mm～150mm	1台	あご部は、正確な把握能力を有するもの
	定盤	JIS B7513 2級程度の平面度をもつもの	受検者1人当たり 1枚又は1人当たり定盤使用面積 900cm^{2}程度	
測定具等	基準栓ゲージ	直径 29mm	1	
その他	捨てゲージ用板金	SS330 みがき鋼板 厚さ 1.5mm 15mm×25mm 角	1	たがね作業、きさげ作業及び直角部分の加工用
	けがき用心金	アルミニウム板又は銅板 厚さ 3mm 30mm×10mm 角	1	
	光明丹等	無鉛のもの	若干	
	抜き棒		若干	心金用
	青竹、 マジックインキ		若干	
	チョーク		若干	
	ウエス		若干	
	切削油		若干	スプレー缶式(フロン系でないもの)でも可
	洗浄液		若干	
	エア		適宜	
	エアガン		適宜	
	マーク用腐食液		適宜	電気ペンシルでも可

(注)使用工具中、日本工業規格(JIS)に定められているものは、JIS 相当品に限る。

平成31年度技能検定
2級 仕上げ(機械組立仕上げ作業)
実技試験問題

次の試験時間、注意事項及び仕様に従って、「4.1　支給材料」を「3.2　課題図」の加工図に示すように加工し、六角ボルト④を用いて「3.2　課題図」の組立図により、ロッド①が左右に円滑に摺動《しゅうどう》するように組み立て、提出しなさい。

1. 試験時間

標準時間　　　3時間10分
打切り時間　　3時間40分

2. 注意事項

(1) 支給された材料及び部品の品名、数量等が、試験用材料のとおりであることを確認すること。
(2) 支給された材料及び部品に異常がある場合は、申し出ること。
(3) 試験開始後は、原則として、試験用材料の再支給はされない。
(4) 使用工具等は、使用工具等一覧表で指定した以外のものは使用しないこと。
(5) 試験中は、工具等の貸し借りを禁止する。
(6) 作業時の服装等は、作業に適したものであること。
(7) 標準時間を超えて作業を行った場合は、超過時間に応じて減点される。
(8) 作業が終了したら、その旨を技能検定委員に対して申し出ること。
(9) **この試験問題には、事前に書込みをしないこと。**
また、試験中には、他の用紙にメモをしたものや参考書等を参照することは禁止とする。
(10) 次の事項に該当した場合は、不合格又は失格となる。ただし、下記以外も不合格又は失格となる場合がある。
イ．締付けボルトを規定のトルクで締め付けたのち、提出したロッドの状態で、ロッドの挿入が不可能な場合。
ロ．穴加工もれが一箇所でもある場合。
ハ．加工指示のある摺動《しゅうどう》面及び台と蓋の合わせ面のうち、やすり加工又はきさげ加工が全く行われていない面が一面でもある場合。
ニ．ボルトが2箇所以上締め付けられない場合。
ホ．タップが折れてねじ穴から抜けないものが2箇所以上ある場合。
ヘ．締付けボルトが折れて、ねじ穴から抜けないものが2箇所以上ある場合。
ト．試験時間内(打切り時間内)に問題で指示されたとおり組み立てられない場合。
(11) 試験中は、携帯電話(電卓機能の使用も含む)等の使用は禁止とする。
(12) 工具・材料の取扱い等について、そのまま継続すると機器・設備等の破損や怪我を招くおそれがある危険な行為であると技能検定委員が判断した場合、試験中にその旨を注意することがある。さらに、当該注意を受けてもなお、危険な行為を続けた場合は、試験を中断し、技能検定委員全員が試験継続不可と判断した場合は、失格とする。ただし、緊急性を伴うと判断された場合は、注意を挟まず、即中止(失格)とすることがある。

3. 仕様

3.1 加工仕様

(1) 蓋《ふた》②の A 面及び台③の B 面は、ロッド①に合わせて加工を行い、組み立て後、ロッド①が A 面及び B 面とすきまなく円滑に摺動《しゅうどう》するようにすること。

(2) 組み立ては、ロッド①の長手方向 4 面のいずれの面が、A 面又は B 面に接した場合でも、ロッドは円滑に摺動《しゅうどう》し、かつ自重落下しないこと。また、ロッドのはめあいの向きが左右いずれの場合でもロッドは、円滑に摺動《しゅうどう》し、かつ自重落下しないようにすること。

(3) 組み立ての際は、六角ボルト 4 本を十分に強く締め付けること。[8mm のボルトは 14N·m(140kgf·cm)で緩まないこと。]

(4) 組み立て後における寸法 35 は、でき上がり寸法でよい。

(5) 各部品の指示なき各稜《りょう》は、糸面取りをすること。

(6) 蓋《ふた》②及び台③をボルトにより組み立てた後の各稜《りょう》(12 稜)は、面取り(C1 程度)であること。

3.2 課題図

組立図及び加工図を[別図 1]及び[別図 2]に示す。

4. 試験用材料

試験用材料としては、下記のものが支給される。

4.1 支給材料

品番	品名	材質・形状	数量	備考
1	ロッド	別図 3	別図 3	別図 3
2	蓋《ふた》			
3	台			

4.2 支給部品

品番	品名	材質・形状	数量	備考
4	六角ボルト	S15C－D 相当	4	A　M8×20－8.8

［別図 1］ 2 級仕上げ(機械組立仕上げ作業)実技試験問題　組立図

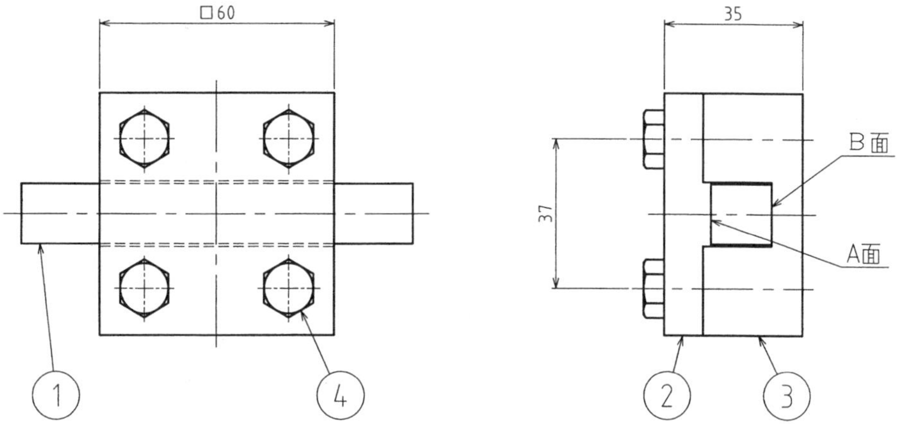

品番	品名	材質	数量	備考
1	ロッド	SS400	1	
2	蓋《ふた》	SS400	1	
3	台	SS400	1	
4	六角ボルト	S15C−D 相当	4	A　M8×20−8.8

［別図 2］ 2 級仕上げ(機械組立仕上げ作業)実技試験問題　加工図

ロッド①

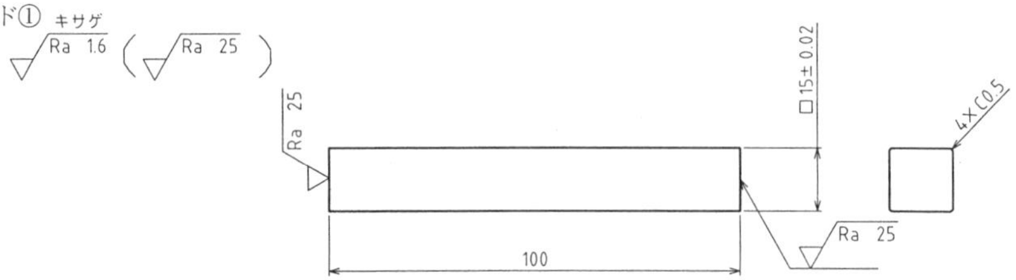

(注)　√Ra 25 指示の部分は、加工しなくてもよい。

蓋《ふた》②

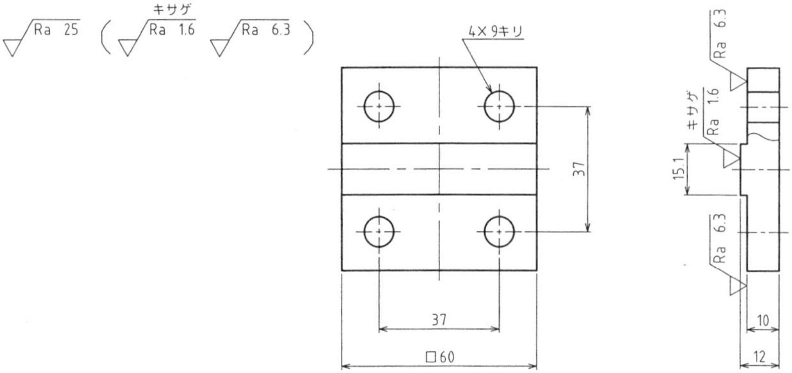

(注)　1. √Ra 25 指示の部分は、寸法 15.1 の両側面を除き加工しなくてもよい。
　　　2. 寸法 15.1 は、台③の溝幅に合わせて加工を行い、でき上がり寸法でよい。
　　　3. 寸法 12、10 は、でき上がり寸法でよい。

台③

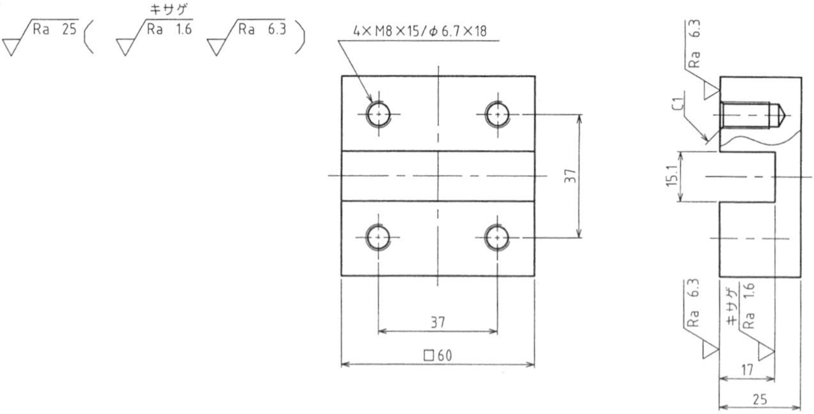

(注)　1. √Ra 25 指示の部分は、寸法 15.1 の両側面を除き加工しなくてもよい。
　　　2. 寸法 15.1 の両側面は、ロッド①のきさげ面をきずつけない程度にやすり加工すること。
　　　3. 寸法 17、25 は、でき上がり寸法でよい。

［別図 3］2 級仕上げ(機械組立仕上げ作業)実技試験問題　支給材料図

◎直角度は、50mm の長さに対して、0.05mm 以内とする。

◎材料図の各寸法の許容誤差は、±0.05mm とする。

ロッド①：図に示すような形状及び寸法の材料〔材質は SS400〕1 個

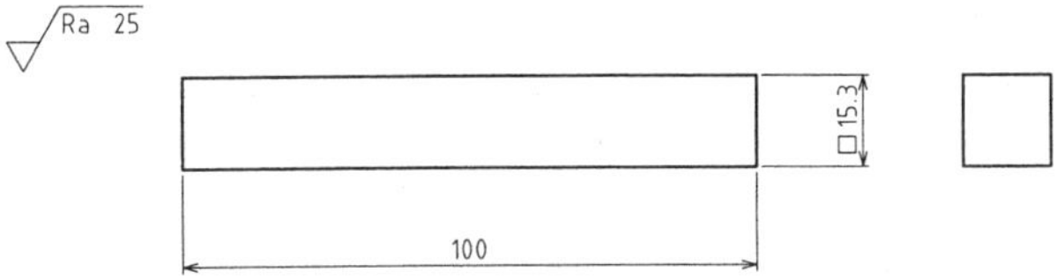

蓋《ふた》②：図に示すような形状及び寸法の材料〔材質は SS400〕1 個

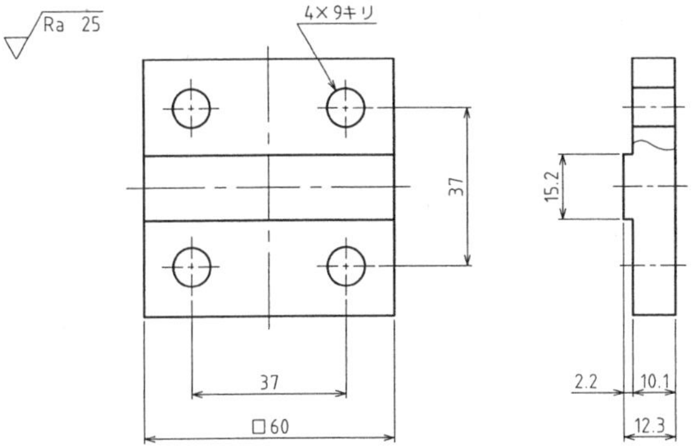

台③：図に示すような形状及び寸法の材料〔材質は SS400〕1 個

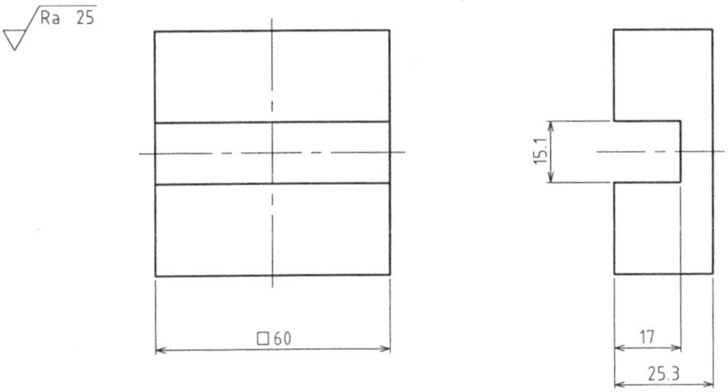

2級仕上げ(機械組立仕上げ作業)実技試験使用工具等一覧表

1. 受検者が持参するもの

区分	品名	寸法又は規格	数量	備考
工具類	センタポンチ		1	ガイド付き不可
	コンパス		1	
	ハンマ		1	
	プラスチックハンマ		1	木ハンマでもよい
	スパナ	M8用　両口、片口可	1	メガネレンチ、モンキスパナ　不可
	鉄工やすり	中目〔平〕250mm	1	・やすりは、加工したものを使用してもよい ・万能やすりの使用は不可とする ・表面にコーティングしてあってもよい
	〃	細目〔平〕200mm	1	
	組やすり(5本組)	中目〔平〕	1	
	〃　(5本組)	中目〔三角〕	1	
	〃　(8本組)	中目〔しのぎ(台形)〕	1	
	〃　(5本組)	細目〔平〕	1	
	きさげ	〔平〕	1	刃幅 13mm 程度以内のもの超硬でもよい
	けがき針		1	
	油といし		1	コンビといし　不可
	ワイヤブラシ		1	やすり用
	ドリル(ストレートシャンクツイストドリル)	JIS 呼び径 6.7mm	1	M8下穴用 試験場に準備してあるが使用機械に合うものであれば持参してもよい
	〃	JIS 呼び径 11mm	1	面取り用 試験場に準備してあるが使用機械に合うものであれば持参してもよい (面取り用工具等　可)
	ハイトゲージ		1	デジタル表示付き又はダイヤルゲージ付きハイトゲージでもよい
	平行台	比較測定可能寸法　不可	1組	摺り合わせ及びけがき用等
	あてずり	比較測定可能寸法　不可	1	加工面の当たり確認用等
	定盤	900cm^{2}程度 JIS B7513 2級程度の平面度をもつもの	1	試験場に準備してあるが持参してもよい
	ハンドタップ (等径手回しタップ)	JIS 呼び径 8mm (メートル並目ねじ用)	1組	スパイラルタップ(スクリュータップ)・ガンタップは不可
	タップハンドル		1	ラチェットハンドル可
	小ぼうき		1	切りくず掃除用

<table>
<tr><th>区分</th><th>品名</th><th>寸法又は規格</th><th>数量</th><th colspan="2">備考</th></tr>
<tr><td rowspan="4">測定具類</td><td>外側マイクロメータ</td><td>測定範囲 0～25mm</td><td>1</td><td colspan="2">デジタル表示付きのものでもよい</td></tr>
<tr><td>ノギス</td><td></td><td>1</td><td colspan="2">デジタル表示付き又はダイヤルゲージ付きのものでもよい</td></tr>
<tr><td>スケール</td><td>150mm～300mm 程度</td><td>1</td><td colspan="2">ホルダ付きのものでもよい</td></tr>
<tr><td>スコヤ</td><td></td><td>1</td><td colspan="2"></td></tr>
<tr><td rowspan="10">その他</td><td>光明丹等</td><td>無鉛のもの</td><td>若干</td><td></td><td rowspan="7">試験場にあるが、持参してもよい</td></tr>
<tr><td>青竹、マジックインキ</td><td></td><td>適当数</td><td></td></tr>
<tr><td>チョーク</td><td></td><td>適当数</td><td></td></tr>
<tr><td>ウエス</td><td></td><td>適当数</td><td></td></tr>
<tr><td>切削油</td><td></td><td>若干</td><td rowspan="3">スプレー缶式(フロン系でないもの)でもよい</td></tr>
<tr><td>洗浄液</td><td></td><td>若干</td></tr>
<tr><td>エア</td><td></td><td>適宜</td></tr>
<tr><td>抜き棒(たたき棒)</td><td>材質は適宜</td><td>1</td><td colspan="2"></td></tr>
<tr><td>筆記用具</td><td></td><td>適宜</td><td colspan="2"></td></tr>
<tr><td>飲料</td><td></td><td>適宜</td><td colspan="2">熱中症対策、水分補給用</td></tr>
<tr><td rowspan="2">服装</td><td>作業服等</td><td></td><td>一式</td><td colspan="2">作業に適したもの</td></tr>
<tr><td>保護眼鏡</td><td></td><td>1</td><td colspan="2">ボール盤作業、エアガン、スプレー使用時着用</td></tr>
</table>

(注)

1. 受検者が持参するものは、上表に掲げるものに限る。
なお、これらのうち使用する必要がないと思われるものは、持参しなくても差し支えない。
ただし、作業服等及び保護眼鏡は、必ず持参することとし、手袋の使用は認めない。
2. 測定具類において、目量、最小読取り値等は特に規定しない。
3. 測定具類において、測定具本体に接続して演算等を行う出力装置の使用は認めない。
4. 「飲料」については、受検者が各自で試験当日の天候、気温等を考慮の上、熱中症対策、水分補給用として、適宜、持参すること。

2. 試験場で準備するもの

(数量欄の数字は、特にことわりのない場合は受検者１人当たりの数量を示す)

区分	品名	寸法又は規格	数量	備考
設備	作業台	1 人当たり (W)900mm×(D)750mm×(H)740mm 程度	受検者 2 人当たり 1 台以上	安定した堅固な構造のもの
	バイス(当て板付き)	JIS 呼び寸法 100～150mm	1 台	あご部は正確な把握能力を有するもの
	定盤 (摺り合わせ用)	JIS B 7513 2 級程度の平面度をもつもの	受検者 1 人当たり 1 枚又は 1 人当たり定盤使用面積 900cm^2 程度	
	卓上ボール盤		受検者 5 人につき 1 台以上	・バイスの回り止めを付けること。 ・ラジアルボール盤でも可
	マシンバイス		卓上ボール盤 1 台につき 1 個	
工具類	ドリルチャック		卓上ボール盤 1 台につき 1 セット	ハンドル付
	ドリル (ストレートシャンクツイストドリル)	JIS 呼び径 6.7mm	卓上ボール盤 1 台につき 3 本	M8 下穴用
	ドリル (ストレートシャンクツイストドリル)	JIS 呼び径 11mm	卓上ボール盤 1 台につき 1 本	面取り用 (面取り用工具等　可)
その他	光明丹等	無鉛のもの	若干	
	青竹、 マジックインキ		若干	
	チョーク		若干	
	ウエス		若干	
	油さし		卓上ボール盤 1 台につき 1 つ	
	切削油		若干	スプレー缶式(フロン系でないもの)でもよい
	洗浄液		〃	
	エア		適宜	
	エアガン		適宜	
	マーク用腐食液		適宜	電気ペンシルでも可

(注)使用工具中、日本工業規格(JIS)に定められているものは、JIS 相当品に限る。

平成31年度技能検定
1級 仕上げ(機械組立仕上げ作業)
実技試験問題

次の試験時間、注意事項及び仕様に従って、「4.1　支給材料」を「3.2　課題図」の加工図に示すように加工し、「4.2　支給部品」を用いて「3.2　課題図」の組立図により、摺動《しゅうどう》ロッド③、位置決めピン④が円滑に摺動《しゅうどう》するように組み立て、提出しなさい。

1. 試験時間

標準時間	3時間30分
打切り時間	4時間

2. 注意事項

(1)　支給された材料及び部品の品名、数量等が、試験用材料のとおりであることを確認すること。
(2)　支給された材料及び部品に異常がある場合は、申し出ること。
(3)　試験開始後は、原則として、試験用材料の再支給はされない。
(4)　使用工具等は、使用工具等一覧表で指定した以外のものは使用しないこと。
(5)　試験中は、工具等の貸し借りを禁止する。
(6)　作業時の服装等は、作業に適したものであること。
(7)　標準時間を超えて作業を行った場合は、超過時間に応じて減点される。
(8)　作業が終了したら、その旨を技能検定委員に対して申し出ること。
(9)　**この試験問題には、事前に書込みをしないこと。**
また、試験中には、他の用紙にメモをしたものや参考書等を参照することは禁止とする。
(10)　次の事項に該当した場合は、不合格又は失格となる。ただし、下記以外も不合格又は失格となる場合がある。
イ．締付けボルトを規定のトルクで締め付けたのち、摺動《しゅうどう》ロッド③の方向の如何にかかわらず摺動《しゅうどう》ロッド③又は位置決めピン④の挿入が不可能な場合。
ロ．穴加工もれが一箇所でもある場合。
ハ．加工指示のある摺動《しゅうどう》面及び台と蓋の合わせ面のうち、やすり加工又はきさげ加工が全く行われていない面が一面でもある場合。
ニ．ボルトが2箇所以上締め付けられない場合。
ホ．タップが折れてねじ穴から抜けないものが2箇所以上ある場合。
ヘ．締付けボルトが折れて、ねじ穴から抜けないものが2箇所以上ある場合。
ト．ボール盤で複数部品を同時加工した場合。
チ．試験時間内(打切り時間内)に問題で指示されたとおり組み立てられない場合。
(11)　試験中は、携帯電話(電卓機能の使用も含む)等の使用は禁止とする。
(12)　工具・材料の取扱い等について、そのまま継続すると機器・設備等の破損や怪我を招くおそれがある危険な行為であると技能検定委員が判断した場合、試験中にその旨を注意することがある。さらに、当該注意を受けてもなお、危険な行為を続けた場合は、試験を中断し、技能検定委員全員が試験継続不可と判断した場合は、失格とする。ただし、緊急性を伴うと判断された場合は、注意を挟まず、即中止(失格)とすることがある。

3. 仕様

3.1 加工仕様

(1) 位置決めピン④は、指定寸法の位置決めピンを使用すること。

(2) 六角ボルトは、十分に強く締め付けること。
[M6 のボルトは 6N·m(60kgf·cm)で緩まないこと。]

(3) 位置決めピン④は、組み立てた状態で円滑に摺動《しゅうどう》すること。
摺動《しゅうどう》ロッド③は、位置決めピン④を取り外した状態で円滑に摺動《しゅうどう》し、かつ自重落下しないようにすること。

(4) 組み立て後、摺動《しゅうどう》ロッド③の挿入方向を変えても位置決めピン④は、可動範囲にわたって円滑に摺動《しゅうどう》すること。

(5) 組み立て状態ですきまは、いかなる状態でも 0.02mm のすきまゲージが入ってはならない。

(6) 組み立て後における寸法 40mm、50mm、60mm は、でき上がり寸法でよい。

(7) 組み立て後の段差は、0.03mm 以内とすること。

(8) 指示なき各稜《りょう》は、すべて糸面取りをすること。

(9) 蓋《ふた》①及び台②をボルトにより組み立てた後の各稜《りょう》(12 稜)は、面取り(C0.5 程度)であること。

(10) [別図 2]の加工図に関し、きさげ仕上面の指示がないところは、すべてやすり仕上げをすること。ただし √Ra 25 指示の部分は、加工しなくてもよい。

3.2 課題図

組立図及び加工図を［別図 1］及び［別図 2］に示す。

4. 試験用材料

試験用材料としては、下記のものが支給される。

4.1 支給材料

品番	品名	材質・形状	数量	備考
1	蓋《ふた》			
2	台	別図 3	別図 3	別図 3
3	摺動《しゅうどう》ロッド			

4.2 支給部品

品番	品名	材質・形状	数量	備考
4	位置決めピン	SUJ2 相当	1	φ10h5×100L HRC58 以上
5	六角ボルト	SCM435 相当	4	A　M6×30

[別図 1]　1級仕上げ(機械組立仕上げ作業)実技試験問題　組立図

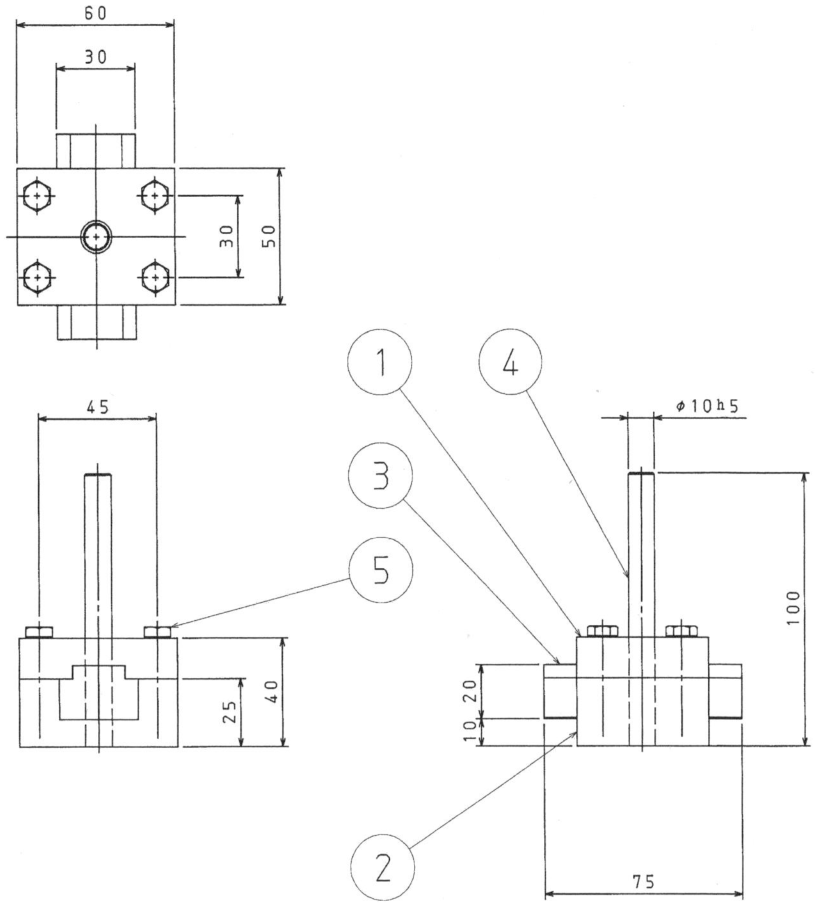

品番	品名	材質	数量	備考
1	蓋《ふた》	S45C	1	
2	台	S45C	1	
3	摺動《しゅうどう》ロッド	S45C	1	
4	位置決めピン	SUJ2 相当	1	φ 10h5×100L
5	六角ボルト	SCM435 相当	4	A　M6×30

［別図２］１級仕上げ(機械組立仕上げ作業)実技試験問題　加工図

蓋①

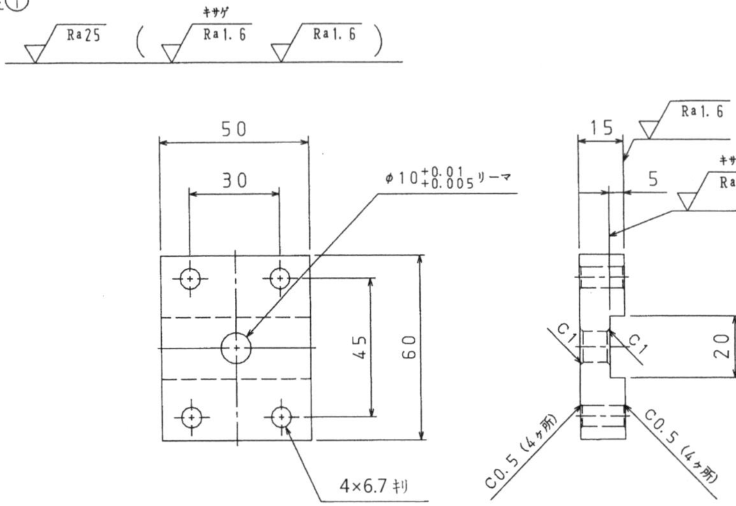

(注) 1. ▽ Ra25 指示の部分は、加工しなくてもよい。
2. 寸法15及びC1（φ10穴部）は、でき上がり寸法でよい。

台②

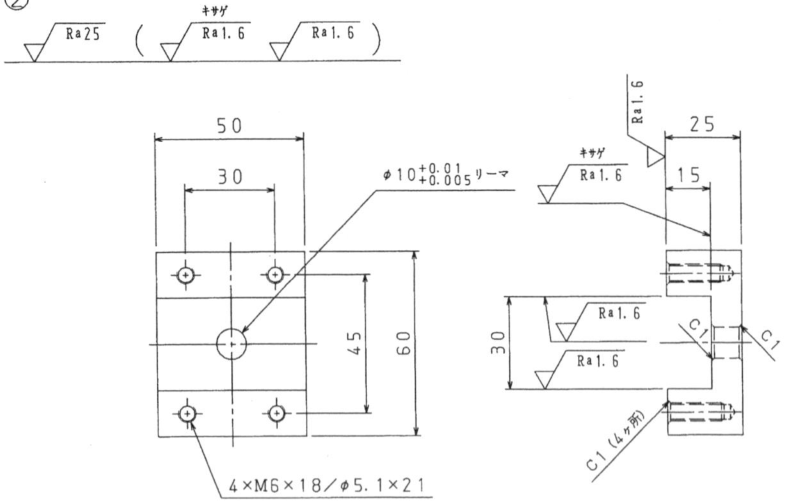

(注) 1. ▽ Ra25 指示の部分は、加工しなくてもよい。
2. 寸法25及びC1（φ10穴部）は、でき上がり寸法でよい。

摺動《しゅうどう》ロッド③

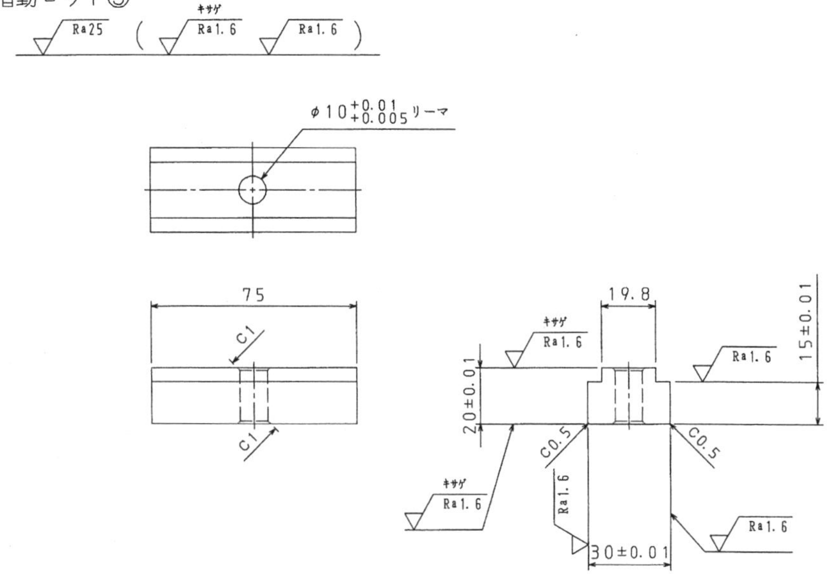

(注) 1. √Ra25 指示の部分は、加工しなくてもよい。
2. 寸法C１（φ１０穴部）は、でき上がり寸法でよい。

位置決めピン④

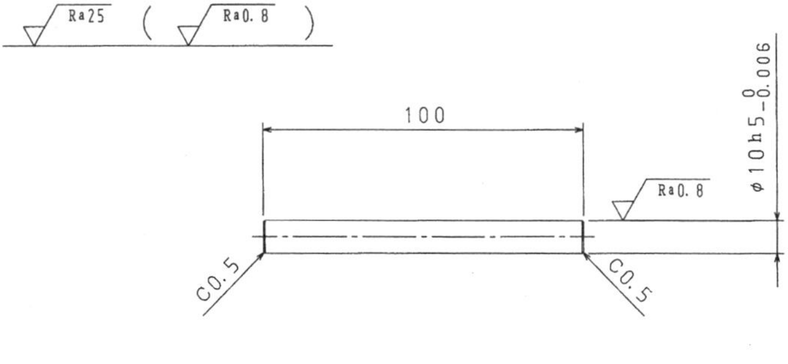

(注)支給材料のままで加工しない。

[別図 3] 1級仕上げ(機械組立仕上げ作業)実技試験問題　支給材料図

1. 蓋《ふた》①、台②の 60mm 寸法は、同一寸法である。
2. 材料図の φ 10 リーマ穴の位置寸法の許容誤差は、±0.02mm とする。
3. 材料図の各寸法の許容誤差は、指定箇所以外は±0.05mm とする。
4. 材料図の直角度は、50mm の長さに対して、0.03mm 以内とする。
5. 材料図の φ 10 リーマ穴中心線と垂直となる、それぞれの面積の広い面との直角度は 50mm の長さに対して、0.02mm 以内とする。
6. 指示なき各稜《りょう》には、糸面取りをしてある。

蓋①　図に示すような形状及び寸法の材料（材質はＳ４５Ｃ）　1個

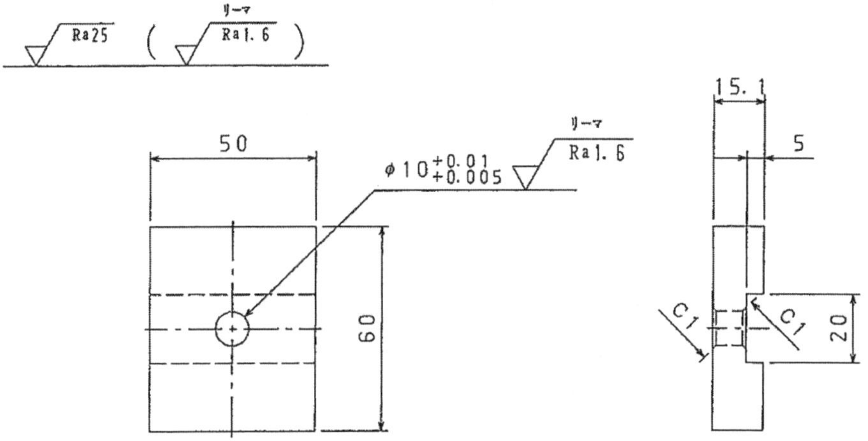

台②　図に示すような形状及び寸法の材料（材質はＳ４５Ｃ）　1個

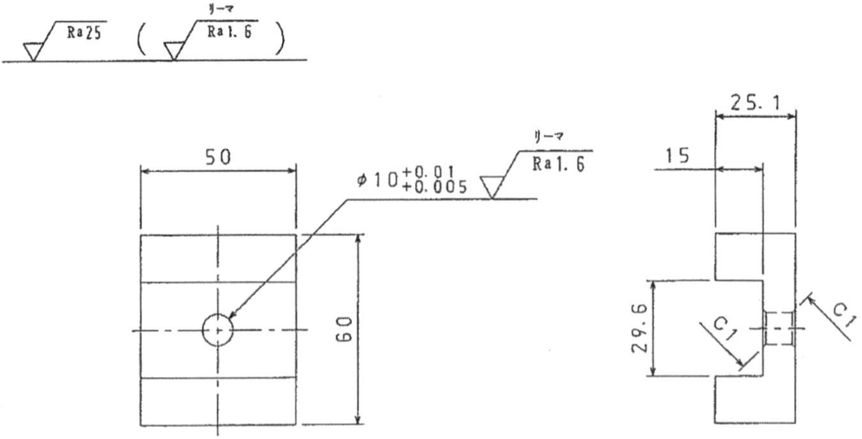

摺動《しゅうどう》ロッド③　図に示すような形状及び寸法の材料（材質はＳ４５Ｃ）　1個

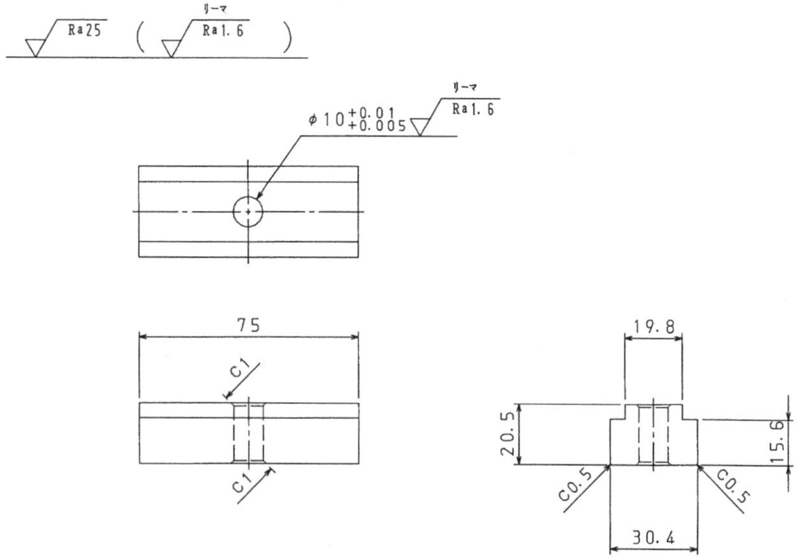

［別図 4］ 1 級仕上げ(機械組立仕上げ作業)実技試験問題　支給部品図

位置決めピン④　図に示すような形状及び寸法の材料（材質はＳＵＪ２相当　硬さは、ＨＲＣ５８以上）　1個

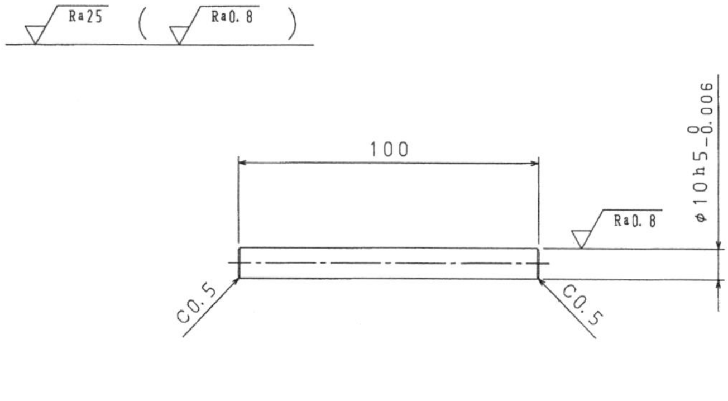

（注）支給材料のままで　加工しない。

1級仕上げ(機械組立仕上げ作業)実技試験使用工具等一覧表

1. 受検者が持参するもの

区分	品名	寸法又は規格	数量	備考
工具類	センタポンチ		1	ガイド付き不可
	ハンマ		1	
	プラスチックハンマ		1	木ハンマでもよい
	スパナ	M6用　両口、片口可	1	メガネレンチ、モンキスパナ　不可
	組やすり(5本組)	中目〔平〕	1	・やすりは、加工したものを使用してもよい ・万能やすりの使用は不可とする ・表面にコーティングしてあってもよい
	〃	細目〔平〕	1	
	鉄工やすり	荒目〔角〕300mm	1	
	〃	細目〔角〕250mm	1	
	〃	中目〔平〕250mm	1	
	〃	中目〔平〕200mm	1	
	〃	細目〔平〕200mm	1	
	きさげ	〔平〕	2	超硬のものでもよい
	ささばきさげ		1	φ10 リーマ穴面取り用
	けがき針		1	
	油といし		1	コンビといし　不可
	ワイヤブラシ		1	やすり用
	ドリル(ストレートシャンクツイストドリル)	JIS呼び径11mm	1	面取り用 試験場に準備してあるが使用機械に合うものであれば持参してもよい (面取り用工具等　可)
	ドリル(ストレートシャンクツイストドリル)	JIS呼び径6.7mm	1	蓋①穴あけ用 試験場に準備してあるが使用機械に合うものであれば持参してもよい
	ドリル(ストレートシャンクツイストドリル)	JIS呼び径5.1mm	1	M6タップ下穴用 試験場に準備してあるが使用機械に合うものであれば持参してもよい
	ドリル(ストレートシャンクツイストドリル)	JIS呼び径3.0mm	1	センタ穴もみつけ用 試験場に準備してあるが使用機械に合うものであれば持参してもよい
	ハイトゲージ		1	デジタル表示付き又はダイヤルゲージ付きハイトゲージでもよい
	平行台	比較測定可能寸法　不可	1組	摺り合わせ及びけがき用等

<table>
<tr><th>区分</th><th>品名</th><th>寸法又は規格</th><th>数量</th><th colspan="2">備考</th></tr>
<tr><td rowspan="5"></td><td>あてずり</td><td>比較測定可能寸法　不可</td><td>1</td><td colspan="2">加工面の当たり確認用等</td></tr>
<tr><td>定盤</td><td>900cm^2程度 JIS B 7513 2 級程度の平面度をもつもの</td><td>1</td><td colspan="2">試験場に準備してあるが持参してもよい</td></tr>
<tr><td>ハンドタップ
(等径手回しタップ)</td><td>JIS 呼び径 6mm
(メートル並目ねじ用)</td><td>1組</td><td colspan="2">スパイラルタップ(スクリュータップ)･ガンタップは不可</td></tr>
<tr><td>タップハンドル</td><td></td><td>1</td><td colspan="2">ラチェットハンドル可</td></tr>
<tr><td>小ぼうき</td><td></td><td>1</td><td colspan="2">切りくず掃除用</td></tr>
<tr><td rowspan="7">測定具類</td><td>外側マイクロメータ</td><td>測定範囲
0～25mm、
25mm～50mm</td><td>各 1</td><td colspan="2">デジタル表示付きのものでもよい</td></tr>
<tr><td>ノギス</td><td></td><td>1</td><td colspan="2">デジタル表示付き又はダイヤルゲージ付きのものでもよい</td></tr>
<tr><td>スケール</td><td>150mm～300mm 程度</td><td>1</td><td colspan="2">ホルダ付きのものでもよい</td></tr>
<tr><td>てこ式ダイヤルゲージ</td><td>最小目盛り 0.01mm</td><td>1</td><td colspan="2">ダイヤルゲージ　可
マグネットスタンド可</td></tr>
<tr><td>シックネステープ</td><td>厚さ 0.02mm</td><td>1</td><td colspan="2">ホルダ付可(加工可)</td></tr>
<tr><td>スコヤ</td><td></td><td>1</td><td colspan="2"></td></tr>
<tr><td rowspan="11">その他</td><td>光明丹等</td><td>無鉛のもの</td><td>若干</td><td></td><td rowspan="7">試験場にあるが、持参してもよい</td></tr>
<tr><td>青竹、マジックインキ</td><td></td><td>適当数</td><td></td></tr>
<tr><td>チョーク</td><td></td><td>適当数</td><td></td></tr>
<tr><td>ウエス</td><td></td><td>適当数</td><td></td></tr>
<tr><td>切削油</td><td></td><td>若干</td><td rowspan="3">スプレー缶式(フロン系でないもの)でもよい</td></tr>
<tr><td>洗浄液</td><td></td><td>若干</td></tr>
<tr><td>エア</td><td></td><td>適宜</td></tr>
<tr><td>抜き棒(たたき棒)</td><td>材質は適宜</td><td>1</td><td colspan="2"></td></tr>
<tr><td>電子式卓上計算機</td><td></td><td>1</td><td colspan="2"></td></tr>
<tr><td>筆記用具</td><td></td><td>適宜</td><td colspan="2"></td></tr>
<tr><td>飲料</td><td></td><td>適宜</td><td colspan="2">熱中症対策、水分補給用</td></tr>
<tr><td rowspan="2">服装</td><td>作業服等</td><td></td><td>一式</td><td colspan="2">作業に適したもの</td></tr>
<tr><td>保護眼鏡</td><td></td><td>1</td><td colspan="2">ボール盤作業、エアガン、スプレー使用時着用</td></tr>
</table>

(注)1. 受検者が持参するものは、上表に掲げるものに限る。
なお、これらのうち使用する必要が無いと思われるものは、持参しなくても差し支えない。
ただし、作業服等及び保護眼鏡は、必ず持参することとし、手袋の使用は認めない。
2. 測定具類において、目量、最小読取値等は特に規定しない。(てこ式ダイヤルゲージを除く)
3. 測定具類において、測定具本体に接続して演算等を行う出力装置の使用は認めない。
4. 「飲料」については、受検者が各自で試験当日の天候、気温等を考慮の上、熱中症対策、水分補給用として、適宜、持参すること。

2. 試験場で準備するもの

(数量欄の数字は、特にことわりのない場合は受検者１人当たりの数量を示す。)

区分	品名	寸法又は規格	数量	備考
設備	作業台	1人当たり (W)900mm×(D)750mm×(H)740mm 程度	受検者2人当たり 1台以上	安定した堅固な構造のもの
	バイス(当て板付き)	JIS 呼び寸法 100～150mm	1台	あご部は正確な把握能力を有するもの
	定盤 (摺り合わせ及び測定、組み立て用)	JIS B7513 2 級程度の平面度をもつもの	受検者1人当たり1枚又は1人当たり定盤使用面積900cm^2程度	
	卓上ボール盤		受検者5人につき 1台以上	・バイスの回り止めを付けること。 ・ラジアルボール盤でも可
	マシンバイス		卓上ボール盤1台につき1個	
工具類	ドリルチャック		卓上ボール盤1台につき1セット	ハンドル付
	ドリル (ストレートシャンクツイストドリル)	JIS 呼び径 11mm	卓上ボール盤1台につき3本	蓋①、台②穴面取り用 (面取り用工具等　可)
	ドリル (ストレートシャンクツイストドリル)	JIS 呼び径 6.7mm	卓上ボール盤1台につき3本	蓋①穴あけ用
	ドリル (ストレートシャンクツイストドリル)	JIS 呼び径 5.1mm	卓上ボール盤1台につき3本	台②タップ下穴用
	ドリル (ストレートシャンクツイストドリル)	JIS 呼び径 3.0mm	卓上ボール盤1台につき3本	センタ穴もみつけ用
測定具類	シックネステープ	長さ 30mm 程度 厚さ 0.02mm	1	
その他	光明丹等	無鉛のもの	若干	
	青竹、 マジックインキ		若干	
	チョーク		若干	
	ウエス		若干	
	油さし		卓上ボール盤1台につき1つ	
	切削油		若干	スプレー缶式(フロン系でないもの)でもよい
	洗浄液		若干	
	エア		適宜	
	エアガン		適宜	
	マーク用腐食液		適宜	電気ペンシルでも可

(注) 使用工具中、日本工業規格(JIS)に定められているものは、JIS 相当品に限る。

仕上げ

学科試験問題

平成 31 年度 技能検定

2 級 仕上げ 学科試験問題

(治工具仕上げ作業)

1. 試験時間　1 時間 40 分
2. 問題数　50 題(A 群 25 題、B 群 25 題)
3. 注意事項

(1) 係員の指示があるまで、この表紙はあけないでください。

(2) 答案用紙(真偽法と多肢択一法の併用)に検定職種名、作業名、級別、受検番号、氏名を必ず記入してください。

(3) 係員の指示に従って、問題数を確かめてください。それらに異常がある場合は、黙って手を挙げてください。問題は A 群(真偽法)と B 群(多肢択一法)とに分かれています。

(4) 試験開始の合図で始めてください。

(5) 解答の方法(真偽法と多肢択一法の併用)は次のとおりです。

イ. A 群の問題(真偽法)は、一つ一つの問題の内容が正しいか、誤っているかを判断して解答してください。

ロ. B 群の問題(多肢択一法)は、正解と思うものを一つだけ選んで、解答してください。二つ以上に解答した場合は誤答となります。

ハ. 答案用紙(マークシート用紙)へ解答する際は、答案用紙に記載されている注意事項に従ってください。

ニ. 答案用紙の解答欄は、A 群の問題と B 群の問題とでは異なります。所定の解答欄に、試験問題の題数に応じて解答してください。解答欄は A 群は 50 題まで、B 群は 25 題まで解答できるようになっています。

(6) 電子式卓上計算機その他これと同等の機能を有するものは、使用してはいけません。

(7) 携帯電話等は、使用してはいけません。

(8) 試験中、質問があるときは、黙って手を挙げてください。ただし、試験問題の内容、漢字の読み方等に関する質問にはお答えできません。

(9) 試験終了時刻前に解答ができあがった場合は、黙って手を挙げて、係員の指示に従ってください。

(10) 試験中に手洗いに立ちたいときは、黙って手を挙げて、係員の指示に従ってください。

(11) 試験終了の合図があったら、筆記用具を置き、係員の指示に従ってください。

［A群(真偽法)］

1　5本組の組やすりの断面形状の組合せは、平形、丸形、半丸形、シノギ形及び角形である。

2　ハイトゲージでけがきを行う場合、ハイトゲージのスクライバを、線を引く方向に対して直角にあて、滑らすように引くとよい。

3　ガンドリルは、深穴の穴あけに使用される。

4　器差が+0.02mmのマイクロメータで測定を行ったとき、読みが160.00mmであった。実寸法は160.02mmである。

5　標準偏差は、ばらつきの大きさを定量的に表したものである。

6　平行ねじとは、ねじ山が円筒の外面又は内面にあるねじをいう。

7　平フライス切削において、下向き削りには、バックラッシ除去装置が有効である。

8　水溶性切削油剤は、不水溶性切削油剤よりも冷却能力が高い。

9　強制給油方式は、リング給油方式よりも冷却効果が劣っている。

10　厚板溶接は、一般に、スポット溶接(点溶接)が適している。

11　機械構造用炭素鋼は、ステンレス鋼(SUS304)より加工硬化しやすい。

12　調質とは、鋼に完全焼きなましを行うことである。

13　黒染処理は、化成処理の一つである。

14　日本工業規格(JIS)によれば、Oリングの用途別種類には、ISO一般工業用、ISO精密機器用、運動用、固定用、真空フランジ用の5種類が規定されている。

15　アイゾット試験は、衝撃試験である。

16　下図のように、2点で支えられた梁の中央に力Fがかかる場合の応力は、断面の形状が異なっても、断面積が等しければ同じである。

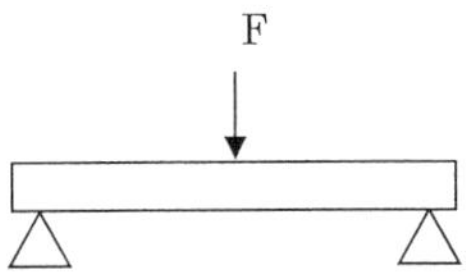

[A群(真偽法)]

17　ベーンポンプは、歯車の回転によって油を吐出させる構造のポンプである。

18　下図は、A面を基準として平行度の許容値が0.1mmであることを示す。

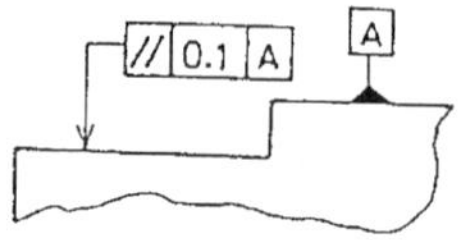

19　整流器は、交流を直流に変換することができる電気機器である。

20　労働安全衛生規則において、精密な作業の照度は、500ルクス以上と規定されている。

21　穴あけジグのブシュは、ドリルの振れ止めにならない。

22　ジグにおいて位置決めの箇所は、必要最小限にする。

23　ジグ中ぐり盤は、立て形と横形とに大別される。

24　ならい研削盤では、曲面のある板ゲージの研削もできる。

25　ボルト締めの箱形ジグには、一般に、ノックピンを使用しない。

[B群(多肢択一法)]

1　はつり作業に関する記述として、誤っているものはどれか。

イ　硬い材料をはつるときは、たがねの刃先を時々、油か水に浸けて刃先の硬さが低下しないように冷却する。

ロ　たがねの刃先が欠けるのは、刃先の角度が小さい、刃先の硬さが硬過ぎる等の理由が考えられる。

ハ　ハンマ振りでは、視線はたがねの頭に向ける。

ニ　はつりの終わり際では、軽く打つようにし、切りくずや切断片を遠くへ飛ばさないように注意する。

2　けがきに関する記述として、誤っているものはどれか。

イ　定盤の種類は、材料によって区分され、形状及び使用面の呼び寸法で分類されている。

ロ　定盤の等級は、使用面の平面度によって区別されている。

ハ　けがき用塗料は、厚く塗るとよい。

ニ　けがき線と捨てけがき線を区別するために、けがき線のほうにポンチを打つ。

3　切削工具に関する記述として、誤っているものはどれか。

イ　バイトは、旋盤、形削り盤、平削り盤等に取り付けて使用される切削工具である。

ロ　フライスは、平面、曲面、溝、歯形等の加工をする回転切削工具である。

ハ　金切りのこは、主として、金属材料の切断に用いる切削工具である。

ニ　スターティングドリルは、あらかじめあけられた穴を正確に仕上げるときに用いる切削工具である。

4　測定器に関する記述として、誤っているものはどれか。

イ　マイクロメータは、直接測定器である。

ロ　水準器は、角度測定器である。

ハ　ハイトゲージは、比較測定器である。

ニ　デプスゲージは、直接測定器である。

5　QC7つ道具に含まれないものはどれか。

イ　FT図

ロ　パレート図

ハ　散布図

ニ　ヒストグラム

[B群(多肢択一法)]

6　機械の主要構成要素に関する記述のうち、誤っているものはどれか。

イ　ねじのねじれ角とリード角の和は、90°である。

ロ　管用平行ねじのピッチは、25.4mm(1インチ)についての山数で表される。

ハ　Oリングは用途別によって区別され、「P」が運動用、「G」が固定用である。

ニ　円筒ころ軸受と玉軸受を比べた場合、一般に、円筒ころ軸受のほうが高速回転に適している。

7　テーブルをラムの運動と直線方向に間欠的に送り、往復運動するラムに取付けたバイトを使用して、工作物の平面及び溝削りを行う工作機械はどれか。

イ　フライス盤

ロ　プラノミラー

ハ　形削り盤

ニ　マシニングセンタ

8　次の切削油剤のうち、脂肪油(動植物油)はどれか。

イ　軽油

ロ　ひまし油

ハ　マシン油

ニ　ダイナモ油

9　グリース潤滑に関する記述として、誤っているものはどれか。

イ　放熱性、冷却能力が悪いので、油潤滑と比較して温度上昇が大きい。

ロ　密封性が良く、給油回数も少なくてよい。

ハ　グリースのちょう度は、ちょう度計に取り付けた円すいを、つぼに満たした試料に落下させ、5秒間進入した深さを読み取って求める。

ニ　一般に、高速回転、高荷重になるほど、ちょう度の高いグリースを用いる。

10　非溶極式のイナートガスアーク溶接で、タングステン又はタングステン合金を電極とする溶接はどれか。

イ　ミグ溶接

ロ　マグ溶接

ハ　ティグ溶接

ニ　サブマージアーク溶接

11　比重が、大きい順に正しく並んでいるものはどれか。

イ　銅(Cu) ＞ 鉛(Pb) ＞ 鉄(Fe)

ロ　鉛(Pb) ＞ 銅(Cu) ＞ 鉄(Fe)

ハ　鉄(Fe) ＞ 鉛(Pb) ＞ 銅(Cu)

ニ　銅(Cu) ＞ 鉄(Fe) ＞ 鉛(Pb)

［B群(多肢択一法)］

12　文中の(　　)内に当てはまる語句として、正しいものはどれか。
機械構造用炭素鋼鋼材S45Cの焼入れによって得られる結晶組織は、主として(　　)である。

イ　マルテンサイト
ロ　オーステナイト
ハ　パーライト
ニ　セメンタイト

13　耐食性が必要な鋼板に施され、生産現場で「どぶづけめっき」とも呼ばれるめっき法はどれか。

イ　電気めっき
ロ　溶融めっき
ハ　化学めっき
ニ　気相めっき

14　日本工業規格(JIS)におけるOリング用基本材料として、誤っているものはどれか。

イ　ニトリルゴム
ロ　ふっ素ゴム
ハ　シリコーンゴム
ニ　ポリウレタンゴム

15　非破壊検査法でない金属の検査方法はどれか。

イ　磁気探傷法
ロ　超音波探傷法
ハ　放射線透過法
ニ　クリープ試験法

16　文中の(　　)内に当てはまる語句として、適切なものはどれか。
荷重が引張になったり、圧縮になったりするような荷重の掛かり方を(　　)という。

イ　静荷重
ロ　片振り荷重
ハ　交番荷重
ニ　衝撃荷重

17　油圧制御弁の制御要素として、誤っているものはどれか。

イ　温度
ロ　方向
ハ　圧力
ニ　流量

［B群(多肢択一法)］

18　日本工業規格(JIS)によれば、除去加工をしない場合の図示記号として、正しいものはどれか。

イ　ロ　ハ　ニ

19　電力(W)を表している式として、正しいものはどれか。
ただし、直流電圧をV、電流をA及び抵抗をRとする。

イ　W＝V×V×A

ロ　W＝V×R

ハ　W＝V×A

ニ　W＝V×V×R

20　労働安全衛生関係法令に定める研削作業に関する記述として、誤っているものはどれか。

イ　研削といしは、その日の作業を開始する前に1分間以上試運転をしなければならない。

ロ　研削といしを取り替えたときは、3分間以上試運転をしなければならない。

ハ　その日の作業を開始する前の試運転は、特別教育修了者でなければ行ってはならない。

ニ　研削といしを取り替えたときの試運転は、特別教育修了者でなければ行ってはならない。

21　ジグの使用に関する記述として、誤っているものはどれか。

イ　刃物の位置決めを正確に行うことができる。

ロ　量産加工に適している。

ハ　製品の均一化を図ることができる。

ニ　ジグは溶接構造で作ることはない。

22　測定部分の形状を光学的に正確な倍率でスクリーンガラス上に拡大して測定するものはどれか。

イ　オートコリメータ

ロ　オプチカルフラット

ハ　投影機

ニ　偏光顕微鏡

［Ｂ群(多肢択一法)］

23　ダイヤルゲージに関する記述として、正しいものはどれか。

イ　日本工業規格(JIS)によれば、ダイヤルゲージは、縦形、横形、直動形の3種類が規定されている。

ロ　誤差の原因となるため、ダイヤルゲージの測定子は、取り外しが可能であってはならない。

ハ　長針は、プランジャを押し込むときに時計方向に動かなければならない。

ニ　ダイヤルゲージには必ず短針を備えなければならない。

24　次の記述中の(　　)内に入る数値として、適切なものはどれか。

第1部品基準で下図の板ゲージをつくる場合、すきまtを0(ゼロ)にするには、取りしろaをtの(　　)にするとよい。

イ　1/2

ロ　1/3

ハ　1/4

ニ　1/6

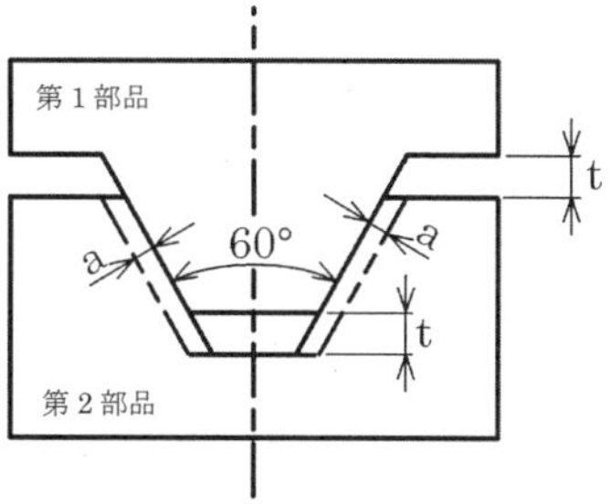

25　ジグの締付けに関する記述として、適切でないものはどれか。

イ　全体のバランスをみて、片締めにならないように締付ける。

ロ　規定トルクで、口径をあわせてモンキレンチを用いて締付ける。

ハ　締付けトルクは、力の作用する点までの距離と回す力の積で表す。

ニ　ねじのゆるみ止めに、座金などを用いる場合がある。

平成30年度 技能検定

2級 仕上げ 学科試験問題

(治工具仕上げ作業)

1. 試験時間　1時間40分
2. 問題数　50題(A群25題、B群25題)
3. 注意事項

(1) 係員の指示があるまで、この表紙はあけないでください。

(2) 答案用紙(真偽法と多肢択一法の併用)に検定職種名、作業名、級別、受検番号、氏名を必ず記入してください。

(3) 係員の指示に従って、問題数を確かめてください。それらに異常がある場合は、黙って手を挙げてください。問題はA群(真偽法)とB群(多肢択一法)とに分かれています。

(4) 試験開始の合図で始めてください。

(5) 解答の方法(真偽法と多肢択一法の併用)は次のとおりです。

イ. A群の問題(真偽法)は、一つ一つの問題の内容が正しいか、誤っているかを判断して解答してください。

ロ. B群の問題(多肢択一法)は、正解と思うものを一つだけ選んで、解答してください。二つ以上に解答した場合は誤答となります。

ハ. 答案用紙(マークシート用紙)へ解答する際は、答案用紙に記載されている注意事項に従ってください。

ニ. 答案用紙の解答欄は、A群の問題とB群の問題とでは異なります。所定の解答欄に、試験問題の題数に応じて解答してください。解答欄はA群は50題まで、B群は25題まで解答できるようになっています。

(6) 電子式卓上計算機その他これと同等の機能を有するものは、使用してはいけません。

(7) 携帯電話等は、使用してはいけません。

(8) 試験中、質問があるときは、黙って手を挙げてください。ただし、試験問題の内容、漢字の読み方等に関する質問にはお答えできません。

(9) 試験終了時刻前に解答ができあがった場合は、黙って手を挙げて、係員の指示に従ってください。

(10) 試験中に手洗いに立ちたいときは、黙って手を挙げて、係員の指示に従ってください。

(11) 試験終了の合図があったら、筆記用具を置き、係員の指示に従ってください。

［A群(真偽法)］

1 すり合わせ作業で、加工面の高いところに基準定盤の光明丹が付着したあたりを、赤あたりという。

2 トースカンは、定盤上の工作物の平行平面の確認や軸心の点検にも使用することができる。

3 下図のドリルは、左ねじれドリルである。

4 オプチカルフラットは、平面度を測定するのに用いられる。

5 抜取検査で合格となったロットの中の製品は、すべて良品である。

6 ピッチ円直径175mm、歯数50枚の標準平歯車のモジュールは、3である。

7 貫通穴のドリル加工において、ドリルの抜け際は、送り速度を速くするほうがよい。

8 切削油剤を大別すると、潤滑作用を目的とした不水溶性切削油剤と冷却作用を目的とした水溶性切削油剤に分けられる。

9 滴下注油では、一般に荷重のかかるところに給油穴を設けるべきではない。

10 アーク溶接は、レーザ溶接に比べ、溶接による熱変形が少ない。

11 チタンの比重は、アルミニウムの比重より大きい。

12 青熱ぜい性とは、約200～300℃のときの炭素鋼が常温のときよりも、もろくなる性質をいう。

13 高温加熱、スパッタリングなどの物理的方法で物質を蒸発し、基板に凝縮させ、薄膜を形成する方法の略称を、PVDという。

14 配管用フランジ等の静止部分の密封に使用するシールの総称を、ガスケットという。

15 ビッカース硬さ試験方法は、ダイヤモンド四角すい圧子を用いて測定する。

[A群(真偽法)]

16　断面積200cm^{2}の丸棒に、5880Nのせん断荷重が加わった場合のせん断応力は、0.294MPaである。

17　次の記号は、いずれも方向制御弁である。

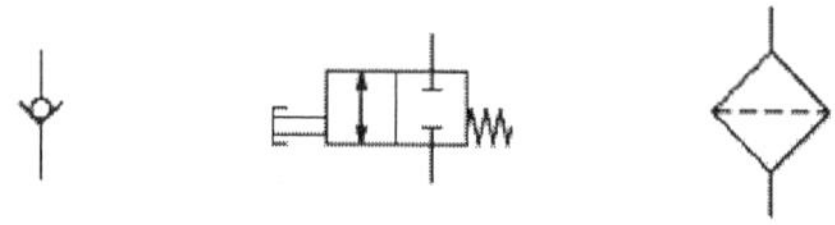

(a)　(b)　(c)

18　図1に示すような溶接を表す溶接記号は図Cである。

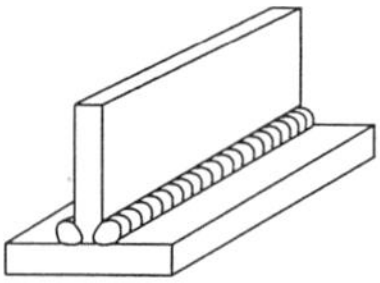

図1

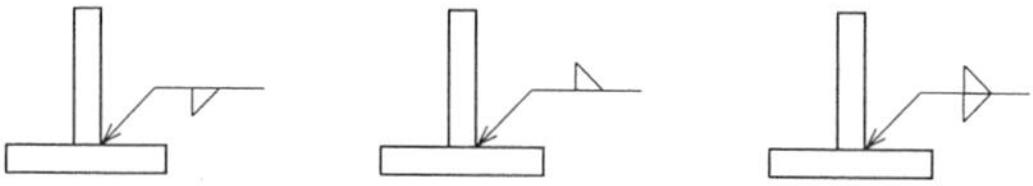

図A　図B　図C

19　50Hzの工場で使用していた誘導電動機を60Hzで使用すると、回転数は低くなる。

20　有機溶剤中毒予防規則に基づく局所排気装置については、2年以内ごとに1回、定期に、自主検査を行わなければならない。

21　ジグを使用して加工する作業は、大量生産に適する。

22　日本工業規格(JIS)によれば、固定ブシュとして定められているのは、図Aのほうである。

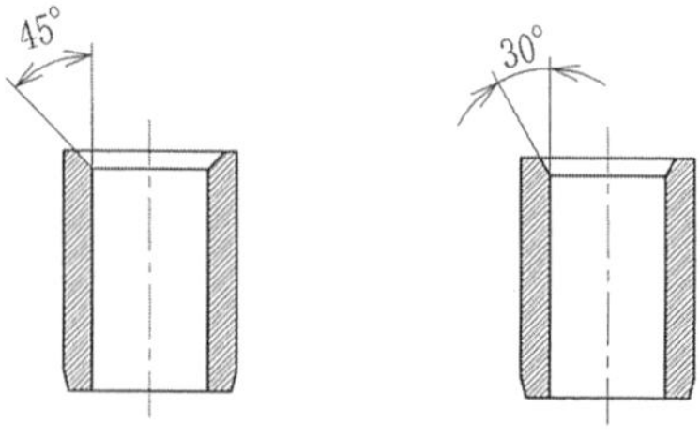

図A　図B

［A群(真偽法)］

23　放電加工機は、焼入鋼や超硬合金のような硬い金属は加工できない。

24　ジグ研削盤では、穴の内面を精度よく仕上げることができる。

25　下図のようなすきまの調整に用いられている調整ねじを回すときは、ナットを緩めてはならない。

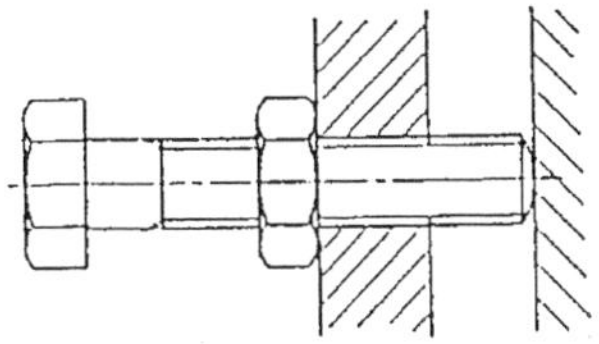

[B群(多肢択一法)]

1　はつり作業における平たがねの持ち方として、正しいものはどれか。

イ　刃先近くを軽く握るのがよい。

ロ　頭部近くを強くしっかり握るのがよい。

ハ　頭部近くを軽く握るのがよい。

ニ　刃先近くを強くしっかり握るのがよい。

2　けがきに関する記述として、誤っているものはどれか。

イ　精密なけがき作業では、ハイトゲージを使うことが多い。

ロ　けがき線と捨てけがき線を区別するために、けがき線のほうにポンチを打つ。

ハ　けがき用塗料は、厚く塗るほうがよい。

ニ　鋳造等の仕上げ面を持たないもののけがきは、一般に3点で支持して行う。

3　ドリルに関する記述として、誤っているものはどれか。

イ　標準的なドリルの先端角度は、118°である。

ロ　テーパシャンクドリルのテーパは、一般に、ナショナルテーパである。

ハ　シンニングとは、切削抵抗を少なくするために心厚を薄くした部分である。

ニ　深穴加工では、切りくずの切断を図り、切りくず詰まりを防ぐためにも、ステップ送りを行うとよい。

4　下図の内側マイクロメータの読みとして、正しいものはどれか。

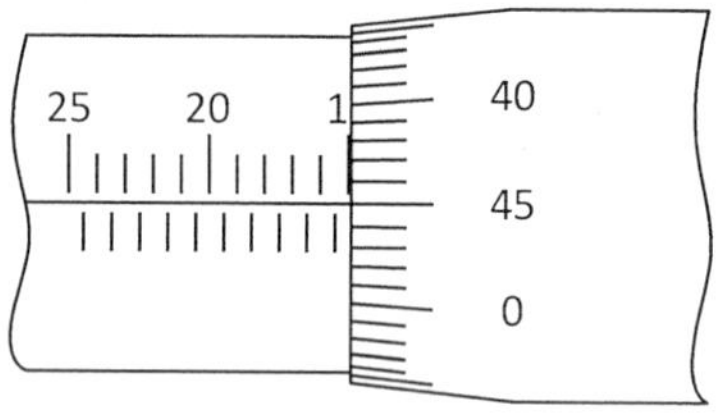

イ　14.95mm

ロ　15.45mm

ハ　15.95mm

ニ　24.95mm

5　品質管理に関する記述のうち、誤っているものはどれか。

イ　パレート図は、改善の目標設定に役立つ。

ロ　度数分布図は、種々の要因と特性との間の関係を表すのに役立つ。

ハ　特性要因図は、最終品質に影響を与える問題点を把握するのに役立つ。

ニ　管理図は、製造工程が安定した状態にあるかどうかを調べるのに役立つ。

［B群(多肢択一法)］

6　ウォームギヤに関する記述として、正しいものはどれか。

イ　一般的に、ウォームギヤは低速を高速にするとき(増速)に使用する。

ロ　ウォームからウォームホイールへの伝動はできない。

ハ　ウォームホイールの回転数はウォームのねじ条数に反比例する。

ニ　一般的に、ウォームギヤは二軸が直角な場合の減速機構である。

7　フライス盤に関する記述として、誤っているものはどれか。

イ　ベッド形フライス盤は、切り込み運動をコラム又は主軸頭で行う。

ロ　生産フライス盤は、ひざ形フライス盤のことである。

ハ　ロータリテーブル形フライス盤は、テーブルの回転運動により切削送りを与えるものである。

ニ　万能フライス盤は、テーブル又は主軸頭の取り付け角度を変えることができる。

8　汎用工作機械における切削油剤の働きに関する記述として、適切でないものはどれか。

イ　切りくずを適当な小片に破断させる。

ロ　工作物の仕上げ面粗さを向上させる。

ハ　工具の寿命を延長させる。

ニ　工作物の寸法精度を向上させる。

9　潤滑油の噴霧給油方式に関する記述として、誤っているものはどれか。

イ　油の攪拌《かくはん》がなく、温度上昇が小さい。

ロ　油浴方式より冷却作用が大きい。

ハ　内部圧力を高く保つことで、ごみの侵入が防げる。

ニ　水分や固形物の侵入の多い所に適している。

10　一般に、厚板どうしの溶接に適しているものはどれか。

イ　シーム溶接

ロ　スポット溶接

ハ　ガス溶接

ニ　アーク溶接

11　金属材料の性質に関する記述として、誤っているものはどれか。

イ　材料の引張荷重に対する抵抗力の大きさを引張強さという。

ロ　材料を押し縮めようとする力に対する抵抗力の大きさを圧縮強さという。

ハ　材料のねばり強さを示す性質をぜい性という。

ニ　材料の切削しやすさを示す性質を被削性という。

[Ｂ群(多肢択一法)]

12　熱処理に関する一般的注意事項として、誤っているものはどれか。

イ　材料を加熱するときは、徐々に、かつ、均等に行うようにする。

ロ　再焼入れをする場合は、焼なましを行う。

ハ　冷却を伴う熱処理において、厚さの異なる材料では、断面の小さい部分から先に冷やす。

ニ　焼入れ後は、焼戻しを行うことでじん性を持たせる。

13　めっきの種類の中で、一般に、機械部品の防食めっきとして使われないものはどれか。

イ　亜鉛めっき

ロ　ニッケルめっき

ハ　クロムめっき

ニ　金めっき

14　パッキン用材料に関する記述として、正しいものはどれか。

イ　パッキン構成素材として、非鉄金属は使用されない。

ロ　一般に、金属は硬質材であるから、パッキン材料としては使用されない。

ハ　一般に、天然ゴム製のパッキンは、合成ゴム製のものよりも耐油性が優れている。

ニ　ふっ素ゴム(FKM)は、ガソリンや軽油など、耐燃料性に優れている。

15　下図のような段付棒($d_1：d_2＝1：2$)に引張荷重Fが作用した場合、d_1に生ずる応力σ_1とd_2に生ずる応力σ_2の比を正しく表しているものはどれか。

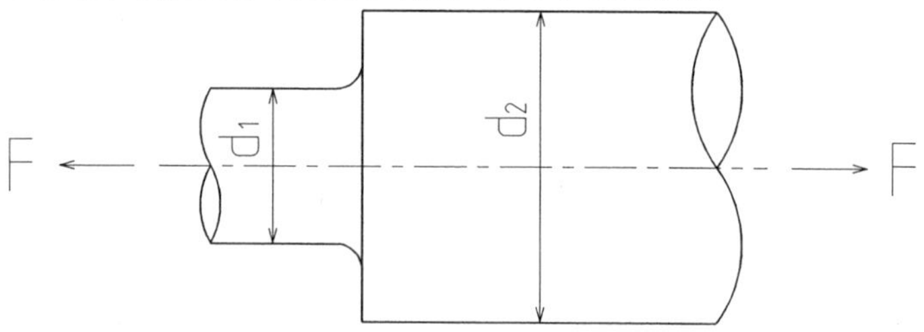

イ　$\sigma_1 : \sigma_2 = 2 : 1$

ロ　$\sigma_1 : \sigma_2 = 3 : 1$

ハ　$\sigma_1 : \sigma_2 = 4 : 1$

ニ　$\sigma_1 : \sigma_2 = 5 : 1$

16　次の記述のうち、誤っているものはどれか。

イ　引張応力と圧縮応力は、荷重の方向が違う。

ロ　切欠き部には応力が集中する。

ハ　弾性係数は応力とひずみの比である。

ニ　降伏応力は材料が破断する時の応力である。

[B群(多肢択一法)]

17　二つ以上の油圧回路の間に設けて、その操作の順序と回路の圧力を制御するときに用いる制御弁として、正しいものはどれか。

イ　減圧弁
ロ　シーケンス弁
ハ　シャトル弁
ニ　切換弁

18　機械製図における寸法補助記号の SR に関する記述として、正しいものはどれか。

イ　円弧の半径
ロ　円弧の長さ
ハ　球の半径
ニ　弦の長さ

19　次の材料のうち、導体でないものはどれか。

イ　鉛
ロ　ニッケル
ハ　黒鉛
ニ　ガラス

20　文中の(　　)内に当てはまる数値として、正しいものはどれか。
労働安全衛生関係法令において、機械間又はこれと他の設備との間に設ける通路の幅は、(　　) cm以上と定められている。

イ　70
ロ　80
ハ　100
ニ　120

21　ジグの締付け構造に関する記述として、適切でないものはどれか。

イ　迅速に締め付けられるようにする。
ロ　変形を与えないように締め付けられるようにする。
ハ　支持面近くを締め付けられるようにする。
ニ　ボルトによる締め付けは、カムよりも操作性がよい。

[B群(多肢択一法)]

22　下図のような箱形の加工物をジグに締め付ける場合、次の締付け順序のうち、適切なものはどれか。

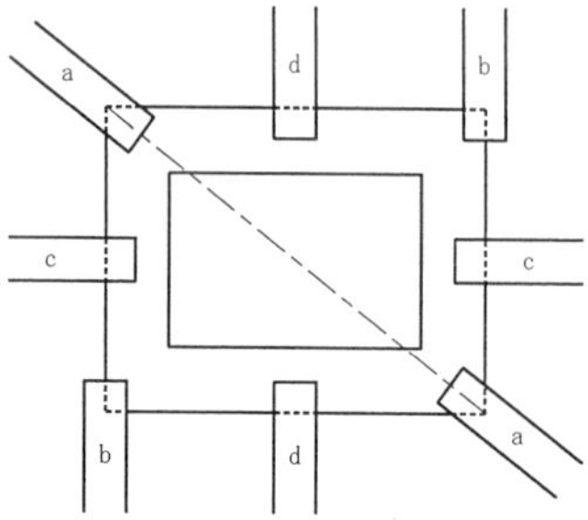

イ　b　→　a　→　d　→　c
ロ　a　→　b　→　c　→　d
ハ　c　→　d　→　a　→　b
ニ　d　→　a　→　c　→　b

23　次のうち、直接測定器でないものはどれか。

イ　ノギス
ロ　マイクロメータ
ハ　ハイトゲージ
ニ　シリンダゲージ

24　リーマにおいて、等間隔偶数刃と不等間隔奇数刃を比較した場合、等間隔偶数刃の記述として、誤っているものはどれか。

イ　びびりが起こりやすい。
ロ　穴の精度が悪くなりやすい。
ハ　製作、再研削が困難である。
ニ　直径測定が容易である。

25　次のうち、フライス用ジグを組み立てるのに適切なものはどれか。

イ　六角ボルト
ロ　トラス小ねじ
ハ　皿小ねじ
ニ　平小ねじ

平成29年度 技能検定
2級 仕上げ 学科試験問題
（治工具仕上げ作業）

1. 試験時間　1時間40分
2. 問題数　50題(A群25題、B群25題)
3. 注意事項
 (1) 係員の指示があるまで、この表紙はあけないでください。
 (2) 答案用紙(真偽法と多肢択一法の併用)に検定職種名、作業名、級別、受検番号、氏名を必ず記入してください。
 (3) 係員の指示に従って、問題数を確かめてください。それらに異常がある場合は、黙って手を挙げてください。問題はA群(真偽法)とB群(多肢択一法)とに分かれています。
 (4) 試験開始の合図で始めてください。
 (5) 解答の方法(真偽法と多肢択一法の併用)は次のとおりです。
  イ. A群の問題(真偽法)は、一つ一つの問題の内容が正しいか、誤っているかを判断して解答してください。
  ロ. B群の問題(多肢択一法)は、正解と思うものを一つだけ選んで、解答してください。二つ以上に解答した場合は誤答となります。
  ハ. 答案用紙(マークシート用紙)へ解答する際は、答案用紙に記載されている注意事項に従ってください。
  ニ. 答案用紙の解答欄は、A群の問題とB群の問題とでは異なります。所定の解答欄に、試験問題の題数に応じて解答してください。解答欄はA群は50題まで、B群は25題まで解答できるようになっています。
 (6) 電子式卓上計算機その他これと同等の機能を有するものは、使用してはいけません。
 (7) 携帯電話等は、使用してはいけません。
 (8) 試験中、質問があるときは、黙って手を挙げてください。ただし、試験問題の内容、漢字の読み方等に関する質問にはお答えできません。
 (9) 試験終了時刻前に解答ができあがった場合は、黙って手を挙げて、係員の指示に従ってください。
 (10) 試験中に手洗いに立ちたいときは、黙って手を挙げて、係員の指示に従ってください。
 (11) 試験終了の合図があったら、筆記用具を置き、係員の指示に従ってください。

[A群(真偽法)]

1　やすり作業において、やすりにチョークを塗るのは、一般に、目詰まりを防ぐためである。

2　ハイトゲージでけがきを行う場合、ハイトゲージは、線を引く方向に対して、直角に滑らすように引くとよい。

3　ダイヤモンドバイトは、鉄鋼材料の切削に適している。

4　一般に、水準器のガラス管に封入する液体には、エーテルやアルコールが使用される。

5　管理図は、工程を安定な状態に保持するために使用される。

6　すべり軸受に使用する軸受用材料には、軸の材質より硬い材質のものを使用するのがよい。

7　平フライス切削において、下向き削りには、バックラッシ除去装置が有効である。

8　一般に、エマルジョンタイプの水溶性切削油剤は、水を加えて希釈すると外観が乳白色になる。

9　すべり軸受に用いる潤滑油は、一般に、軸に掛かる力が大きくなるにしたがって粘度の低い油を使用する。

10　シャーリングとは、鋼板の縁を折り曲げる作業のことである。

11　黄銅の主成分は、銅と亜鉛である。

12　日本工業規格(JIS)によれば、鉄鋼用語のシーズニングとは、鋳物の鋳造内部応力を除去するため、長年月放置する操作をいう。

13　溶融めっきとは、亜鉛及びすずに多く採用され、溶融金属中に製品を浸漬して表面に皮膜を作る方法で、一般に、電気めっきより薄い皮膜ができる。

14　金属は、パッキンの材料として用いられない。

15　アイゾット試験は、衝撃試験である。

16　鋼材の引張強さの単位は、mm^3 である。

［A群(真偽法)］

17　一般に、アキュムレータの取付けは、衝撃発生源の近くが適している。

18　日本工業規格(JIS)によれば、平削りの加工方法記号はLである。

19　整流器は、交流を直流に変換する電気機器である。

20　労働安全衛生関係法令によれば、研削といしの取替えの業務は特別教育を必要としない。

21　ジグ用ブシュの材料には、SK3も用いられる。

22　ジグにおいて位置決めの箇所は、必要最小限にする。

23　ジグ中ぐり盤では、フライス削りはできない。

24　ジグ研削盤では、テーパ穴の研削ができる。

25　ジグ本体に付けたアイボルトは、工作機械に締め付けるためのものである。

［B群(多肢択一法)］

1　はつり作業に関する記述として、誤っているものはどれか。

イ　硬い材料をはつるときは、たがねの刃先を時々、油か水に浸けて刃先の硬さが低下しないように冷却する。

ロ　たがねの刃先が欠けるのは、刃先の角度が小さい、刃先の硬さが硬過ぎる等の理由が考えられる。

ハ　ハンマ振りでは、視線はたがねの頭に向ける。

ニ　はつりの終わり際では、軽く打つようにし、切りくずや切断片を遠くへ飛ばさないように注意する。

2　やすりに関する記述として、誤っているものはどれか。

イ　単目やすりは、アルミニウム合金、鉛、すず等の加工に適している。

ロ　複目やすりは、鋼の加工に適している。

ハ　鬼目やすりは、木、皮革等の加工に適している。

ニ　波目やすりは、鋼の仕上げ加工に適している。

3　切削工具に関する記述として、誤っているものはどれか。

イ　エンドミルは、主として溝加工や狭い場所の平面や端面を加工するのに用いられる。

ロ　センタ穴ドリルは、工作物のセンタ穴のもみつけ用に使用される。

ハ　穴ぐりバイトは、内径を加工するバイトである。

ニ　ドリルには、右ねじれドリルはあるが左ねじれドリルはない。

4　図のAで目盛り線が一致しているデプスゲージの読みとして、正しいものは次のうちどれか。

イ　16.0mm

ロ　16.3mm

ハ　21.0mm

ニ　22.3mm

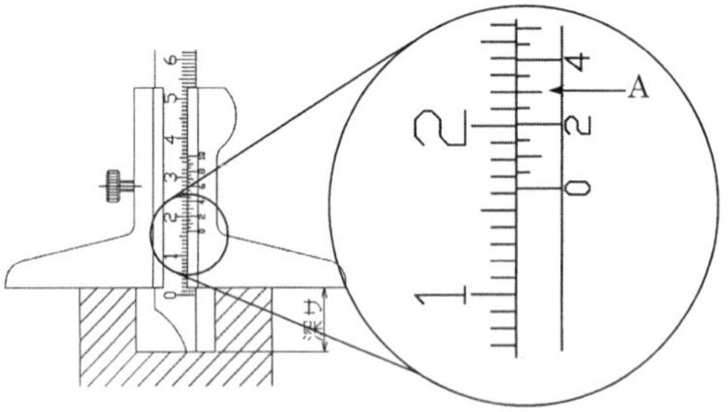

拡大図

5　QC7つ道具に含まれないものはどれか。

イ　FT図

ロ　パレート図

ハ　散布図

ニ　ヒストグラム

[B群(多肢択一法)]

6　ダブルナットの使用効果として、正しいものはどれか。
　イ　ねじのゆるみを防止する。
　ロ　2倍の力で締め付けることができる。
　ハ　気密性が向上する。
　ニ　直角以外の面の締め付けができる。

7　フライス盤に関する記述として、誤っているものはどれか。
　イ　テーブルを直接ベッドに載せ、切込み運動をコラム又は主軸頭で行う構造のフライス盤をベッド形フライス盤という。
　ロ　形板、模型又は実物に倣って、所要の形状を削り出すフライス盤を倣いフライス盤という。
　ハ　回転工具を用いて、主として文字、記号、模様などを彫刻するフライス盤を万能フライス盤という。
　ニ　コラムに沿って上下するニーの上にサドルを介して載せたテーブルが、前後、左右に運動する構造のフライス盤をひざ形フライス盤という。

8　切削油剤の働きとして、適切でないものはどれか。
　イ　潤滑作用
　ロ　破砕作用
　ハ　洗浄作用
　ニ　冷却作用

9　日本工業規格(JIS)によれば、ポンプを使用しない潤滑油の給油方式として、誤っているものはどれか。
　イ　油浴方式
　ロ　多系統方式
　ハ　滴下方式
　ニ　灯心方式

10　工作法に関する記述として、誤っているものはどれか。
　イ　レーザ加工法には、溶断や接合がある。
　ロ　アーク溶接は、熱変形が起きない。
　ハ　スポット溶接は、薄板溶接ができる。
　ニ　ガス溶接は、酸素とアセチレンガスを用いる。

11　文中の(　　)内に当てはまる数値として、適切なものはどれか。
機械構造用炭素鋼鋼材S45Cの炭素含有量は、約(　　)%である。
　イ　0.0045
　ロ　0.045
　ハ　0.45
　ニ　4.5

[B群(多肢択一法)]

12　鋼材の熱処理に関する記述のうち、誤っているものはどれか。

イ　炭素鋼において、焼入れ後の焼戻しでは、硬さを求める場合には高温焼戻しを行う。

ロ　鋳物の内部応力を除去する方法の一つに、応力除去焼きなましがある。

ハ　表面硬化方法には、浸炭焼入れ、窒化、高周波焼入れ、炎焼入れ等がある。

ニ　熱処理は、焼ならし、焼なまし、焼入れ及び焼戻しに大別できる。

13　金属表面に施す表面処理として、適切でないものはどれか。

イ　電気めっき

ロ　サブゼロ処理

ハ　溶融めっき

ニ　化成処理

14　日本工業規格(JIS)におけるOリング用基本材料として、誤っているものはどれか。

イ　ニトリルゴム

ロ　ふっ素ゴム

ハ　シリコーンゴム

ニ　ポリウレタンゴム

15　日本工業規格(JIS)によれば、試験片にダイヤモンド正四角すいを押しつけ、そのくぼみの表面積と試験荷重から求めて硬さを表す試験方法はどれか。

イ　ショア硬さ試験

ロ　ビッカース硬さ試験

ハ　ロックウェル硬さ試験

ニ　ブリネル硬さ試験

16　次の軟鋼の応力－ひずみ線図において、上降伏点を示す点はどれか。

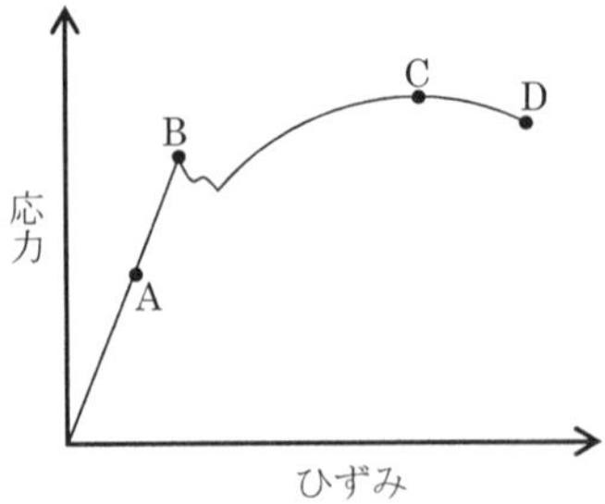

イ　A点

ロ　B点

ハ　C点

ニ　D点

［B群(多肢択一法)］

17　油圧回路に用いられる弁のうち、圧力制御弁でないものはどれか。

イ　シャトル弁
ロ　シーケンス弁
ハ　減圧弁
ニ　リリーフ弁

18　日本工業規格(JIS)によれば、除去加工をしない場合の図示記号として、正しいものはどれか。

イ　　ロ　　ハ　　ニ

19　次の回路図の合成抵抗値はどれか。

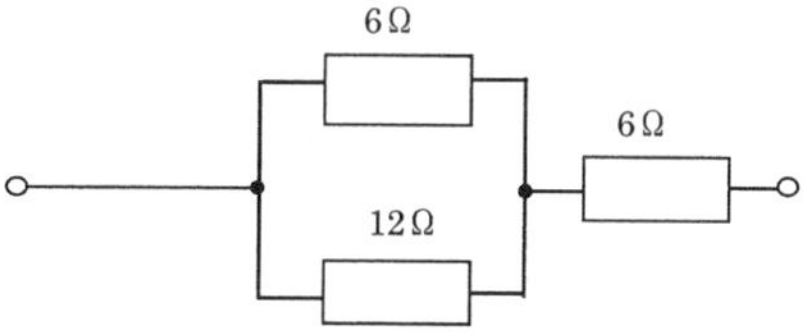

イ　8Ω
ロ　10Ω
ハ　12Ω
ニ　14Ω

20　文中の(　　)内に当てはまる数値として、正しいものはどれか。
労働安全衛生関係法令によれば、脚立の脚と水平面との角度は、(　　)度以下としなければならない。

イ　75
ロ　80
ハ　85
ニ　90

21　次の図のような箱形の加工物をジグに締め付ける場合、変形の最も少ない締付け順序はどれか。

イ　a → b → c → d
ロ　b → a → c → d
ハ　c → d → a → b
ニ　d → a → b → c

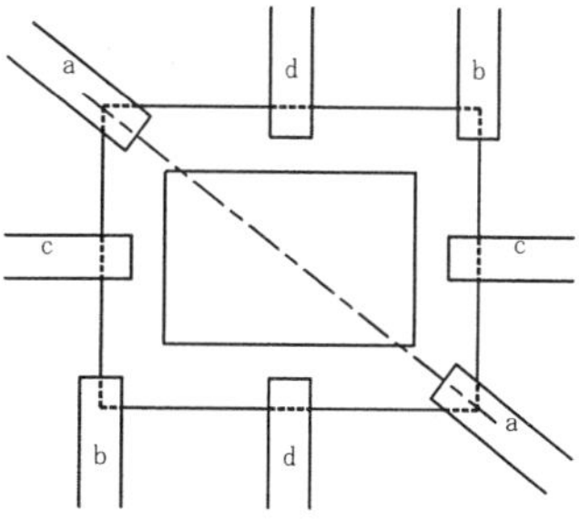

[B群(多肢択一法)]

22　ジグの使用目的に関する記述として、適切でないものはどれか。

イ　熟練を要する作業を減少させ、容易に行えるようにする。

ロ　部品の精度が向上し、また均一化して、互換性が得られる。

ハ　部品の仕上げ面を滑らかにすることができる。

ニ　取付け、調整などの付属時間が減少し、作業能率が上げられる。

23　ベベルプロトラクタに関する記述として、正しいものはどれか。

イ　副尺(バーニヤ)により、1秒まで直読できる。

ロ　副尺(バーニヤ)により、5秒まで直読できる。

ハ　副尺(バーニヤ)により、30秒まで直読できる。

ニ　副尺(バーニヤ)により、5分まで直読できる。

24　次の記述中の(　　)内に入る数値として、適切なものはどれか。

第1部品基準で下図の板ゲージをつくる場合、すきまtを0(ゼロ)にするには、取りしろaをtの(　　)にするとよい。

イ　1/2

ロ　1/3

ハ　1/4

ニ　1/6

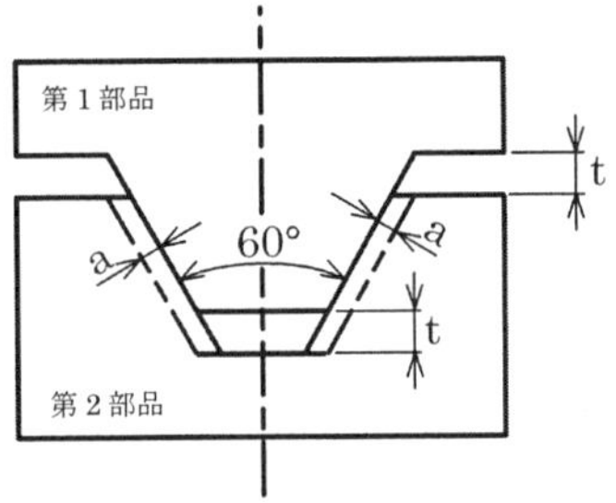

25　各種ジグの使用に関する記述として、適切でないものはどれか。

イ　フライスジグは、主に、フライス盤作業で使用される。

ロ　穴あけジグは、主に、ジグ中ぐり盤作業で使用される。

ハ　旋削ジグは、主に、旋盤作業で使用される。

ニ　検査ジグは、主に、測定物の良否の判定に使用される。

平成31年度 技能検定
1級 仕上げ 学科試験問題
(治工具仕上げ作業)

1. 試験時間　1時間40分
2. 問題数　　50題(A群25題、B群25題)
3. 注意事項

(1)　係員の指示があるまで、この表紙はあけないでください。

(2)　答案用紙(真偽法と多肢択一法の併用)に検定職種名、作業名、級別、受検番号、氏名を必ず記入してください。

(3)　係員の指示に従って、問題数を確かめてください。それらに異常がある場合は、黙って手を挙げてください。問題はA群(真偽法)とB群(多肢択一法)とに分かれています。

(4)　試験開始の合図で始めてください。

(5)　解答の方法(真偽法と多肢択一法の併用)は次のとおりです。

イ.　A群の問題(真偽法)は、一つ一つの問題の内容が正しいか、誤っているかを判断して解答してください。

ロ.　B群の問題(多肢択一法)は、正解と思うものを一つだけ選んで、解答してください。二つ以上に解答した場合は誤答となります。

ハ.　答案用紙(マークシート用紙)へ解答する際は、答案用紙に記載されている注意事項に従ってください。

ニ.　答案用紙の解答欄は、A群の問題とB群の問題とでは異なります。所定の解答欄に、試験問題の題数に応じて解答してください。解答欄はA群は50題まで、B群は25題まで解答できるようになっています。

(6)　電子式卓上計算機その他これと同等の機能を有するものは、使用してはいけません。

(7)　携帯電話等は、使用してはいけません。

(8)　試験中、質問があるときは、黙って手を挙げてください。ただし、試験問題の内容、漢字の読み方等に関する質問にはお答えできません。

(9)　試験終了時刻前に解答ができあがった場合は、黙って手を挙げて、係員の指示に従ってください。

(10)　試験中に手洗いに立ちたいときは、黙って手を挙げて、係員の指示に従ってください。

(11)　試験終了の合図があったら、筆記用具を置き、係員の指示に従ってください。

[A群(真偽法)]

1　きさげで平面を仕上げるときは、初めに黒当たりをとり、次に赤当たりをとる。

2　ドリルによる穴あけ作業において、下図のように、大小の穴の重なり合いが少ないときは、一般に大きいほうを最初に加工した方がよい。

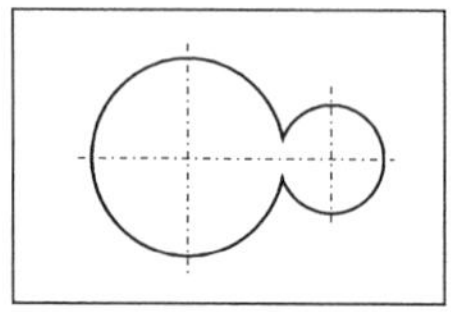

3　先端角を60°に研削したねじ切りバイトにすくい角をつけた場合、ねじ山の角度は、すくい角に関係なく60°になる。

4　限界プラグゲージで赤色のマークが付いている方は、止り側である。

5　$\overline{X}-R$ 管理図は、測定値をいくつかの範囲に分けて棒状もしくは滑らかな曲線で結んだ分布図で、ロット全体の傾向を示すものである。

6　テーパピンのテーパ比は、1/50である。

7　平削り盤は、テーブルを水平往復運動させ、バイトをテーブルの運動方向と直角方向に間欠的に送って、主として平面削りを行う工作機械のことである。

8　切削油剤を使用すると、すくい面への切りくずの付着を防止し、構成刃先の発生を防ぐ効果がある。

9　潤滑油に極圧添加剤を加えると、油膜が切れにくくなる。

10　溶接部に生じる欠陥のうちブローホールとは、溶接金属内部に形成された空洞部のことである。

11　一般に、機械構造用炭素鋼鋼材は、炭素量が多くなるほど引張強さが増す。

12　質量効果の大きい材料とは、内部まで十分に焼きが入らない材料のことをいう。

13　化成処理とは、化学及び電気化学的処理によって、金属表面に安定な化合物を生成させる処理のことである。

14　日本工業規格(JIS)のOリングの種類において、運動用はPの記号で表示する。

15　ビッカース硬さ試験では、鋼球の圧子を使用する。

[A群(真偽法)]

16　断面積1.5cm^{2}の丸棒に、直角にせん断荷重4500Nが加わった場合のせん断応力は、30MPaである。

17　ベーンポンプは、歯車の回転によって油を吐出させる構造のポンプである。

18　下図の記号は、直径7mmのドリルで8個の穴をあけることを表している。

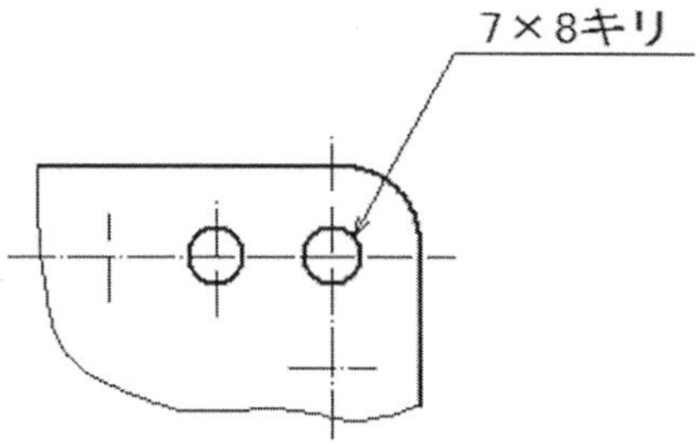

19　交流負荷から発生するノイズ対策には、ダイオードを用いるのがよい。

20　労働安全衛生関係法令によれば、機械間又は機械と他の設備との間に設ける通路の幅は、50cmあればよいとされている。

21　差込みブシュの材料には、SKS3も用いられる。

22　検査ジグの精度は、測定物に要求される公差の1/2程度でよい。

23　ねじ用限界ゲージには、有効径を測るねじ山付きのものと、めねじの内径又はおねじの外径を測るねじ山のないゲージがある。

24　ジグを使用して傾斜面に穴あけする場合は、ジグのブシュ底面と工作物の間隔が大きいとドリルが逃げて正確に穴あけができなくなる。

25　偏心加工をする場合、単動チャックを利用するとよい。

[B群(多肢択一法)]

1　日本工業規格(JIS)によれば、加工方法記号の手仕上げ分類のうち、やすり仕上げを表すものはどれか。

イ　FF
ロ　FP
ハ　FR
ニ　FS

2　けがきに関する記述として、誤っているものはどれか。

イ　定盤の種類は、「材料」及び「使用面の呼び寸法」で区分されている。
ロ　定盤の等級は、使用面の平面度によって区別されている。
ハ　けがき用塗料は、厚く塗るとよい。
ニ　けがき線と捨てけがき線を区別するために、けがき線の方にポンチを打つ。

3　研削といしに関する記述として、正しいものはどれか。

イ　結合度が高い場合、といしの周速度は遅いほうがよい。
ロ　結合度が低い場合、目つぶれが起こりやすい。
ハ　結合度が高い場合、目こぼれが起こりやすい。
ニ　結合度が低い場合、目づまりが起こりやすい。

4　測定器具に関する記述として、誤っているものはどれか。

イ　シリンダゲージは、外径用の測定器である。
ロ　オプチカルフラットは、比較的狭い部分の平面度測定に使われる。
ハ　サインバーは、ブロックゲージを併用して、角度測定に使われる。
ニ　水準器は、気泡管を用いて、水平面からの微小な傾斜を求める測定器である。

5　品質管理に関する記述として、正しいものはどれか。

イ　100個入り箱詰めの電球の破損数を管理するためには、np 管理図を用いるとよい。
ロ　計数値の特性を管理するためには、主として、$\overline{X}-R$ 管理図が用いられる。
ハ　抜取検査で合格となったロット中には、不良品は全く含まれていない。
ニ　LQLとは、合格品質水準のことである。

6　機械の主要構成要素に関する記述として、誤っているものはどれか。

イ　2軸間に一定速度の回転運動及び動力を伝達するためには、歯車を使用する。
ロ　呼び径が同一でも、有効径は、並目ねじよりも細目ねじのほうが大きい。
ハ　軸受には、軸に対して直角方向に作用するスラスト軸受と軸方向に荷重を支えるラジアル軸受がある。
ニ　台形ねじは、ボールねじと比較してバックラッシが大きい。

［B群(多肢択一法)］

7　放電加工の特徴に関する記述として、誤っているものはどれか。

イ　超硬合金や焼入れ鋼でも、硬さに関係なく加工することができる。

ロ　複雑な形状の形彫りや貫通加工ができる。

ハ　テーパ穴の加工ができる。

ニ　薄板の精密加工には適していない。

8　「水で希釈すると白濁し、冷却性がよく潤滑性もある」切削油剤の種類として、正しいものはどれか。

イ　エマルジョン形

ロ　鉱物油

ハ　混合油

ニ　ソリュブル形

9　グリース潤滑に関する記述として、誤っているものはどれか。

イ　摩擦熱によりその一部が溶けて液体の状態で潤滑する。

ロ　放熱性、冷却性がよいので、温度上昇が小さい。

ハ　密封性がよく、長期間にわたり潤滑性能が維持できる。

ニ　ちょう度番号が小さいほど、軟質である。

10　プレス機械のフレームの形状の分類として、誤っているものはどれか。

イ　C形

ロ　H形

ハ　コラム形

ニ　ストレートサイド形

11　合金に関する記述として、正しいものはどれか。

イ　黄銅は、銅と亜鉛を主成分とする合金である。

ロ　はんだは、すずとアルミニウムを主成分とする合金である。

ハ　青銅は、銅と鉛を主成分とする合金である。

ニ　ホワイトメタル合金は、アルミニウムを主成分とする合金である。

12　オイルシールの取扱いに関する記述として、誤っているものはどれか。

イ　作業台などの上にオイルシールを放置すると、オイルシールの表面に砂ぼこり、切粉などが付着するので注意する。

ロ　オイルシールを作業場に保管する場合には、ワイヤー又は糸でつり下げる。

ハ　オイルシールの洗浄が必要な場合には、研磨剤入りクリーナ、溶剤、腐食性のある液体、化学的な洗浄液などを用いない。

ニ　取り付け時、シールリップには、適正で正常な潤滑油を塗布する。

［B群(多肢択一法)］

13　文中の(　　)内に当てはまる語句として、適切なものはどれか。

鋼をオーステナイトの状態にした後、冷却剤中で急冷して(　　)組織を得るための操作を焼入れと呼ぶ。

イ　パーライト
ロ　トルースタイト
ハ　マルテンサイト
ニ　ソルバイト

14　PVD及びCVDに関する記述として、誤っているものはどれか。

イ　一般に、耐摩耗性を向上させる。
ロ　一般に、耐食性を向上させる。
ハ　PVDとは気相化学反応によって、製品の表面に薄膜を形成する処理のことである。
ニ　CVDには、常圧CVD、減圧CVD、プラズマCVDなどがある。

15　次のうち、金属内部欠陥の検出に適さないものはどれか。

イ　放射線透過試験
ロ　超音波探傷試験
ハ　磁粉探傷試験
ニ　蛍光浸透探傷試験

16　下図に示す吊り上げ機構において、動滑車に吊るした物体の重さ(滑車の重さを含む)による力が1000Nのとき、吊り上げに要する力Fとして、正しいものはどれか。

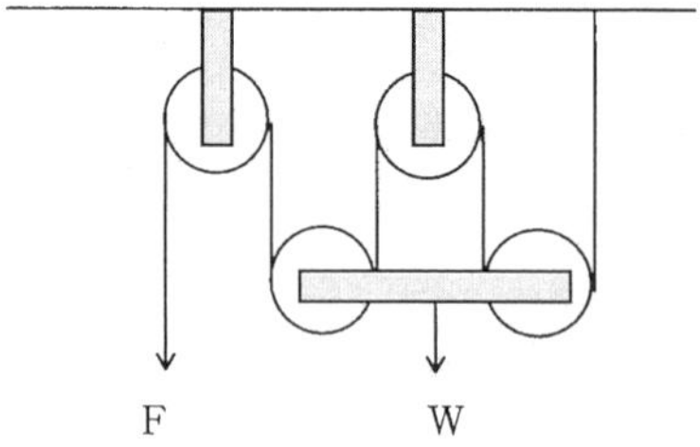

イ　250N
ロ　500N
ハ　750N
ニ　1000N

［B群(多肢択一法)］

17　油圧シリンダのピストンの動きが不安定になる原因として、適切でないものはどれか。

イ　シリンダからの油漏れがある。
ロ　作動油タンクの容量が大きすぎる。
ハ　シリンダの取付け状態に不具合がある。
ニ　シリンダ内に空気がたまっている。

18　日本工業規格(JIS)によれば、高速度工具鋼鋼材の種類の記号はどれか。

イ　SGP
ロ　SWRS
ハ　FC
ニ　SKH

19　電力P(W)、電圧V(V)、電流I(A)、抵抗R(Ω)とすると、電力Pを求める式に関して、誤っているものはどれか。

イ　$P=I^2/R$
ロ　$P=VI$
ハ　$P=I^2R$
ニ　$P=V^2/R$

20　労働安全衛生関係法令に定められている「特別教育を必要とする業務」に該当しないものはどれか。

イ　吊り上げ荷重が、5トン未満のクレーンの運転
ロ　吊り上げ荷重が、1トン以上のクレーンの玉掛け
ハ　研削といしの取替え又は取替え時の試運転
ニ　シャーの安全装置、安全囲いの取付け、取外し、調整

21　ジグに関する記述として、誤っているものはどれか。

イ　ジグは、工作機械そのものの精度を良くするものではない。
ロ　ジグを使用して加工する場合は、工作機械の精度が多少劣っていても、比較的精度の高い製品を製作することができる。
ハ　ジグを使用することにより、製品の均一化を図ることができる。
ニ　ジグは、溶接構造等で作ることはない。

22　黒皮面を受けるジグの基準着座面として、最も適切なものはどれか。

イ　3点で受ける。
ロ　4点で受ける。
ハ　5点で受ける。
ニ　広い面にする。

[B群(多肢択一法)]

23　ダイヤルゲージに関する記述として、正しいものはどれか。

イ　スピンドルの動きをよくするために、スピンドル全体に油をさすとよい。

ロ　スピンドルの押し込まれる方向と、戻る方向では誤差はない。

ハ　指示の最大許容誤差は、全測定範囲指示誤差の一種類のみ決められている。

ニ　ダイヤルゲージを保持する支柱は、なるべく太いものを選び、支持はなるべく短い距離で確実に締めつけるとよい。

24　リーマに関する記述として、正しいものはどれか。

イ　等分割刃は不等分割刃に比べ、びびりが抑制される。

ロ　右ねじれ右刃は左ねじれ右刃に比べ、加工精度が良い。

ハ　偶数刃は奇数刃に比べ、製作及び再研削が困難である。

ニ　左ねじれ右刃は右ねじれ右刃に比べ、軟質材に向いている。

25　ブシュプレートを開閉する機構の穴あけジグにおいて、ノックピンの穴が摩耗した場合の調整、保守に関する記述として、適切でないものはどれか。

イ　支柱部の穴が摩耗した場合、支柱部及びブシュプレート部双方の穴を穴ぐりし、径の大きなピンに変更する必要がある。

ロ　ブシュプレート部の穴が摩耗した場合、ブシュプレート部の穴のみを穴ぐりすればよい。

ハ　ブシュプレート部の穴が摩耗した場合、ブシュプレート部及び支柱部双方の穴を穴ぐりし、径の大きなピンに変更する必要がある。

ニ　ブシュプレート部の穴が摩耗した場合、ブシュプレートの板厚が厚ければ、ブシュプレート部の穴を穴ぐりし、カラーを打込むとよい。

平成30年度 技能検定
1級 仕上げ 学科試験問題
(治工具仕上げ作業)

1. 試験時間　1時間40分
2. 問題数　50題(A群25題、B群25題)
3. 注意事項

(1) 係員の指示があるまで、この表紙はあけないでください。

(2) 答案用紙(真偽法と多肢択一法の併用)に検定職種名、作業名、級別、受検番号、氏名を必ず記入してください。

(3) 係員の指示に従って、問題数を確かめてください。それらに異常がある場合は、黙って手を挙げてください。問題はA群(真偽法)とB群(多肢択一法)とに分かれています。

(4) 試験開始の合図で始めてください。

(5) 解答の方法(真偽法と多肢択一法の併用)は次のとおりです。

イ. A群の問題(真偽法)は、一つ一つの問題の内容が正しいか、誤っているかを判断して解答してください。

ロ. B群の問題(多肢択一法)は、正解と思うものを一つだけ選んで、解答してください。二つ以上に解答した場合は誤答となります。

ハ. 答案用紙(マークシート用紙)へ解答する際は、答案用紙に記載されている注意事項に従ってください。

ニ. 答案用紙の解答欄は、A群の問題とB群の問題とでは異なります。所定の解答欄に、試験問題の題数に応じて解答してください。解答欄はA群は50題まで、B群は25題まで解答できるようになっています。

(6) 電子式卓上計算機その他これと同等の機能を有するものは、使用してはいけません。

(7) 携帯電話等は、使用してはいけません。

(8) 試験中、質問があるときは、黙って手を挙げてください。ただし、試験問題の内容、漢字の読み方等に関する質問にはお答えできません。

(9) 試験終了時刻前に解答ができあがった場合は、黙って手を挙げて、係員の指示に従ってください。

(10) 試験中に手洗いに立ちたいときは、黙って手を挙げて、係員の指示に従ってください。

(11) 試験終了の合図があったら、筆記用具を置き、係員の指示に従ってください。

[A群(真偽法)]

1　日本工業規格(JIS)によれば、鉄工やすりの目切り部の硬さは、62HRC以上である。

2　たがねの刃先角は、工作物が硬くなるほど鋭角にしたほうがよい。

3　日本工業規格(JIS)によれば、研削といしは、研削材の種類、研削材の粒度、結合度、組織、結合剤及び細分記号等の各項目を、1包装ごとに明記するよう規定されている。

4　オプチカルフラットは、光波の干渉じまにより、鏡面仕上げ面等の平面度を測定することができる。

5　標準偏差とは、品質のばらつきの最大と最小との差のことである。

6　モジュール3、歯先円直径96mmの標準平歯車の歯数は、30枚である。

7　ボールねじは、精密な位置決めに使用できるので、NC工作機械に多く使われている。

8　一般に、切削油剤に適量の硫黄や硫化物を添加剤として加えると、切削上の効果として潤滑作用が良くなる。

9　油の粘度は油の流動性を示すものであり、常温では、粘度の高い油の方が流動性が悪く流れにくい。

10　型鍛造は、金属材料を加熱溶解し、砂型に流し込んで任意の形状の品物をつくる工作法のことである。

11　金属の展性とは、材料を棒や線のように引き伸ばすことのできる性質をいう。

12　鋼材の焼入れの目的は、残留応力の除去等である。

13　高温加熱、スパッタリングなどの物理的方法で物質を蒸発し、基板に凝縮させ、薄膜を形成する方法の略称を、PVDという。

14　Oリングの用途別種類の記号Pは、固定用である。

15　蛍光浸透探傷試験は、材料内部の傷の検査に使用される。

16　同一材料、同一条件のもとで使用される2つのはりでは、断面係数が小さいもののほうが大きいものより曲げに対して強い。

［A群(真偽法)］

17　リリーフ弁とは、回路内の圧力を設定値に保持するために、流体の一部又は全部を逃がす圧力制御弁のことである。

18　日本工業規格(JIS)による加工方法の記号ZMは、けがきを表す。

19　三相誘導電動機においては、電源からの3本の線のうち、2本を入れ替えて結線することによって回転方向を逆にすることができる。

20　有機溶剤中毒予防規則によれば、屋内作業場等における有機溶剤等の区分の色分けによる表示のうち、第一種有機溶剤等は、青である。

21　工作物の面を基準にするジグでは、ジグと工作物とが互いに広い面で接触するようにして位置決めするほうがよい。

22　下図の万力において、手回しハンドルを左回転した場合は、工作物が締め付けられる。

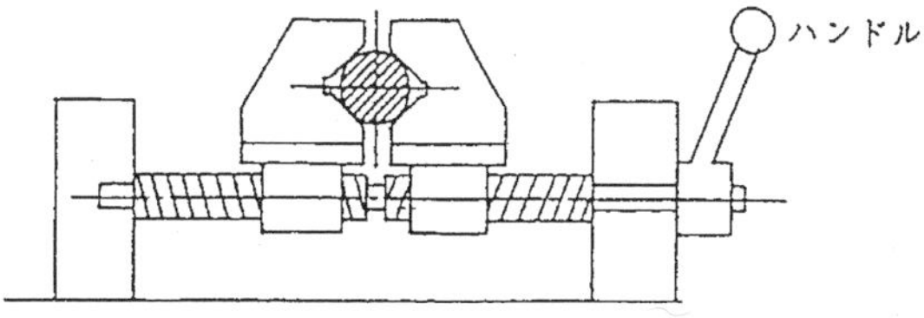

23　サインバーは、こう配、角度及びテーパの測定ができる。

24　片口板はさみゲージは両口板はさみゲージより、測定部のラップ仕上げが容易である。

25　ブシュを差し込むジグプレートの穴の公差は、固定ブシュ、差込みブシュ共にH7を基準とする。

[B群(多肢択一法)]

1　ラップ作業で光沢面及び仕上げ面精度を得る場合の記述として、誤っているものはどれか。

イ　工作物は、一般に、硬度が高いほど鏡面が得られる。

ロ　湿式法と乾式法があるが、鏡面仕上げをする場合は乾式法がよい。

ハ　仕上げ加工をする場合、ラップ液(加工液)は荒加工より粘度の低い油を用いる。

ニ　ラップ工具は、工作物より軟質のものを用いる。

2　けがき作業における工作物の据付方法に関する記述として、適切でないものはどれか。

イ　基準面として加工済みの場合は、その基準面を直接定盤上に置いて行う。

ロ　基準面が仕上がっていて、定盤上に直接置くことが不都合なときは、金ます及びアングルプレートなどを使用して行う。

ハ　基準面が加工されていない鋳造品や鍛造品などは、豆ジャッキを使用して4点支持で行う。

ニ　小物、丸棒を固定する際、金ますを使用し、定盤上で倒せば直角けがきができる。

3　切削工具に関する記述のうち、誤っているものはどれか。

イ　ガンドリルは、主として、深穴の穴あけに使用される。

ロ　エンドミルの右刃とは、駆動側から見て右回転すると工作物を切削することができる刃のことをいう。

ハ　不等間隔偶数刃リーマは、等間隔偶数刃リーマよりもびびりやすい。

ニ　溝なしタップの下穴は、溝付きタップの下穴よりも大きくすべきである。

4　内径を測定・検査する測定具として、適していないものはどれか。

イ　プラグゲージ

ロ　キャリパ形内側マイクロメータ

ハ　シリンダゲージ

ニ　オートコリメータ

5　品質管理に関する記述として、誤っているものはどれか。

イ　パレート図とは、項目別に層別して出現度数の大きさの順に並べるとともに、累積和を示した図のことである。

ロ　抜取検査とは、ある一つのロットを選び、そのロットに含まれる全部を検査する方法のことである。

ハ　$\overline{X}$－R管理図に用いるUCL、LCLとは、管理限界線のことである。

ニ　特性要因図とは、特定の結果と原因系の関係を系統的に表した図のことである。

［B群(多肢択一法)］

6　管用テーパねじに関する記述として、誤っているものはどれか。

イ　記号は、テーパおねじをR、テーパめねじをRcで表す。

ロ　テーパおねじ及びテーパめねじの表し方に、PTがある。

ハ　ねじ山の角度は、60°である。

ニ　テーパは、1/16である。

7　旋盤に関する記述として、誤っているものはどれか。

イ　普通旋盤では、主軸の回転と切削送りは一台のモータで行う。

ロ　普通旋盤では、主軸回転数の変速は歯車のかみ合いの変更によって行う。

ハ　数値制御旋盤では、周速を一定に制御することができない。

ニ　数値制御旋盤では、主軸のモータの他に横送りと縦送りのモータがある。

8　文中の(　　)内に当てはまる語句として、適切なものはどれか。

水溶性切削油剤は、水で希釈して使用する切削油剤で、日本工業規格(JIS)では(　A　)に区分されており、(　B　)を主目的に使用される。

	A	B
イ	3種類	冷却効果
ロ	2種類	潤滑効果
ハ	3種類	潤滑効果
ニ	2種類	冷却効果

9　次のうち、高速回転体の潤滑方法として、最も適しているものはどれか。

イ　リング給油方式

ロ　滴下給油方式

ハ　グリース給油方式

ニ　強制給油方式

10　金属接合法に関する記述のうち、誤っているものはどれか。

イ　融接は、母材を溶融して接合する。

ロ　圧接は、母材を半溶融状態で機械的圧力を加え接合する。

ハ　ろう接は、母材を溶融させないで、別の溶融金属を介して接合する。

ニ　硬ろう接とは、はんだ付けをいう。

11　鋼材に関する記述のうち、誤っているものはどれか。

イ　一般に、一般構造用圧延鋼材は、焼入れはしない。

ロ　溶接構造用圧延鋼材は、炭素量が0.25%以下である。

ハ　鍛鋼品は、リムド鋼である。

ニ　H鋼は、焼入端からの一定距離における硬さの上限、下限又は範囲を保証した鋼である。

[B群(多肢択一法)]

12　機械構造用炭素鋼鋼材のS45Cの炭素含有量として、正しいものはどれか。

イ　0.042% ～0.048%

ロ　0.42% ～ 0.48%

ハ　4.2% ～ 4.8%

ニ　42% ～ 48%

13　次のうち、焼なましを行う目的として、誤っているものはどれか。

イ　金属の硬化

ロ　内部応力の除去

ハ　結晶組織の調整

ニ　冷間加工性の改善

14　次の表面処理のうち、一般的な使用条件の下で最も膜厚が薄いものはどれか。

イ　硬質クロムめっき

ロ　セラミック溶射

ハ　PVD

ニ　浸漬塗装

15　文中の(　　)内に入る語句として、適切なものはどれか。

金属材料試験のうち、材料の粘り強さを知る方法の一つに、(　　)衝撃試験方法がある。

イ　シャルピー

ロ　ロックウェル

ハ　ビッカース

ニ　ブリネル

16　材料力学に関する記述として、誤っているものはどれか。

イ　圧縮応力は、次式により求めることができる。

$$圧縮応力\ \sigma = \frac{P}{A}$$

ただし、P : 圧縮荷重、A : 断面積とする。

ロ　下図に示す切欠きのある材料に荷重がかかる場合、溝底の断面積が等しければ、図Aの切欠きは、図Bの切欠きより応力集中が大きい。

図A

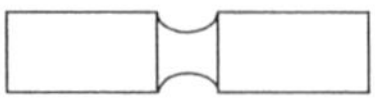

図B

ハ　縦弾性係数は、次式により求めることができる。

$$縦弾性係数 = \frac{応力}{ひずみ}$$

ニ　S－N曲線とは、応力－ひずみ線図のことである。

［B群(多肢択一法)］

17　空気圧フィルタの主目的に関する記述として、正しいものはどれか。

　イ　オイルタンクのオイルをろ過する。
　ロ　圧縮空気中に含む水分を除去して乾燥空気を得る。
　ハ　圧縮空気中の比較的大きな遊離水滴や異物を除去する。
　ニ　空気圧回路内の圧力を設定値に保持する。

18　日本工業規格(JIS)の加工方法記号において、手仕上げの分類のうち、やすり仕上げを表すものはどれか。

　イ　FF
　ロ　FL
　ハ　FR
　ニ　FS

19　交流電圧に関する記述として、誤っているものはどれか。

　イ　電圧の変更は、直流に比べて容易である。
　ロ　電圧は、正負に変化する。
　ハ　基本的な波形は、サインカーブである。
　ニ　交流電力は、電圧と力率の積で表される。

20　労働安全衛生関係法令によれば、研削といしの覆いの規定が適用外になる研削といしの直径はどれか。

　イ　50mm未満
　ロ　60mm未満
　ハ　65mm未満
　ニ　70mm未満

21　穴あけジグを使用して工作物の斜面に、穴あけをする場合のブシュ端と工作物の間隔を表した図のうち、最も精度のよい加工ができるものはどれか。

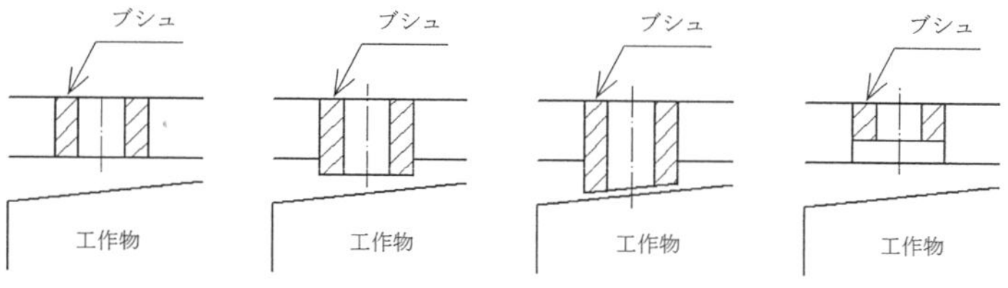

イ　　　ロ　　　ハ　　　ニ

[B群(多肢択一法)]

22　工作物の締付けに関する記述として、誤っているものはどれか。

イ　リンクによる締付装置は、軽切削用に適している。

ロ　カムレバーは、ボルトによる締付けより操作が迅速簡便である。

ハ　カムレバーは、必要取付力を超えることがあるので、回転範囲を制御しなければならない。

ニ　リンクによる締付装置では、工作物の浮き上がりを防止できない。

23　マイクロメータに関する記述として、正しいものはどれか。

イ　0－25mmの外側マイクロメータを保管する場合、両測定面を少し開いた状態にしておく。

ロ　ピッチ0.5mmのねじが用いられているマイクロメータで、シンブルに50等分した目盛により、0.001mm単位まで直読できる。

ハ　外側マイクロメータと、キャリパ形内側マイクロメータのシンブルやスリーブに刻まれた目盛りのふり方は、同じである。

ニ　マイクロメータを水平方向で正確に0点合わせを行ったので、垂直方向で使用する際には、0点合わせの必要はない。

24　切削工具の研削時、一般に、といしの目詰まりが起こる原因として、正しいものはどれか。

イ　結合度が軟らかい

ロ　粒度が粗い

ハ　組織が粗い

ニ　ドレッシングが不十分

25　旋削ジグに関する記述として、誤っているものはどれか。

イ　加工部に障害のおそれのある角部の面取りは大きくしておく。

ロ　工作物を取り付けていない状態で、ジグの重量配分に偏りがないようにする。

ハ　主軸との心出しが容易にできる機構にする。

ニ　遠心力を考え、剛性に注意する。

平成29年度 技能検定

1級 仕上げ 学科試験問題

(治工具仕上げ作業)

1. 試験時間　1時間40分
2. 問題数　50題(A群25題、B群25題)
3. 注意事項

(1)　係員の指示があるまで、この表紙はあけないでください。

(2)　答案用紙(真偽法と多肢択一法の併用)に検定職種名、作業名、級別、受検番号、氏名を必ず記入してください。

(3)　係員の指示に従って、問題数を確かめてください。それらに異常がある場合は、黙って手を挙げてください。問題はA群(真偽法)とB群(多肢択一法)とに分かれています。

(4)　試験開始の合図で始めてください。

(5)　解答の方法(真偽法と多肢択一法の併用)は次のとおりです。

イ．　A群の問題(真偽法)は、一つ一つの問題の内容が正しいか、誤っているかを判断して解答してください。

ロ．　B群の問題(多肢択一法)は、正解と思うものを一つだけ選んで、解答してください。二つ以上に解答した場合は誤答となります。

ハ．　答案用紙(マークシート用紙)へ解答する際は、答案用紙に記載されている注意事項に従ってください。

ニ．　答案用紙の解答欄は、A群の問題とB群の問題とでは異なります。所定の解答欄に、試験問題の題数に応じて解答してください。解答欄はA群は50題まで、B群は25題まで解答できるようになっています。

(6)　電子式卓上計算機その他これと同等の機能を有するものは、使用してはいけません。

(7)　携帯電話等は、使用してはいけません。

(8)　試験中、質問があるときは、黙って手を挙げてください。ただし、試験問題の内容、漢字の読み方等に関する質問にはお答えできません。

(9)　試験終了時刻前に解答ができあがった場合は、黙って手を挙げて、係員の指示に従ってください。

(10)　試験中に手洗いに立ちたいときは、黙って手を挙げて、係員の指示に従ってください。

(11)　試験終了の合図があったら、筆記用具を置き、係員の指示に従ってください。

[A群(真偽法)]

1　軟らかい材料のはつりに使用する平たがねの刃先角度は、一般に、硬い材料をはつるときよりも大きくするとよい。

2　軟らかい材料の穴あけに使用するドリルは、一般に硬い材料の穴をあけるものよりも逃げ角を大きくするとよい。

3　ターゲットドリルとは、穴の中心部を残して穴あけをするドリルをいう。

4　外側マイクロメータのフレームを、直接素手で長時間持っていると、フレームが膨張して、実寸法より小さく読み取れることがある。

5　下図は、ヒストグラムの一例である。

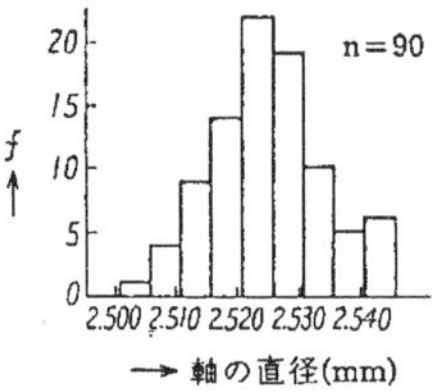

6　ボルトの軸心が、締め付けられる物体に対して直角でない場合には、主として、座付きナットが使用される。

7　立て削り盤は、キー溝の加工はできない。

8　水溶性切削油剤は、一般に、水に希釈せず原液のまま使用する。

9　潤滑油に極圧添加剤を加えると、油膜が切れにくくなる。

10　金属の接合方法には、融接、圧接、ろう接がある。

11　鋼は、鋳鉄より振動を吸収しやすい。

12　熱処理における表面硬化法のうち、最もひずみの発生が大きいものは、窒化法である。

13　無電解めっきとは、溶液中での還元反応を利用して品物の表面にめっき金属を析出させ、金属から非金属に至るまで広くめっきできる処理をいう。

14　ふっ素ゴムは、高温用の耐油性ゴムとして使用される。

［A群(真偽法)］

15　ブリネル硬さ試験法は、正四角すいのダイヤモンド圧子を押し付けて、その対角線の長さで材料の硬さを求める試験法である。

16　一定の荷重又は応力のもとで時間の経過とともに材料の変形が増加する現象のことをクリープという。

17　アンロード弁とは、外部パイロット圧力が所定の圧力に達すると、入口側からタンク側への自由流れを許す圧力制御弁をいう。

18　日本工業規格(JIS)によれば、下図の溶接記号は、すみ肉溶接を表している。

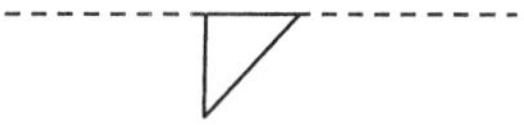

19　交流負荷から発生するノイズ対策には、ダイオードを用いるのがよい。

20　卓上用グラインダのワークレストは、といしの中心より高く取り付けておくのがよい。

21　日本工業規格(JIS)の「ジグ用ブシュ及びその附属品」の附属書によれば、ブシュの硬さは、45HRC以上でなければならない。

22　穴あけジグに使用される差込みブシュは、直径の異なるドリルやリーマを同一中心で使用することを可能にする。

23　日本工業規格(JIS)によれば、めねじの有効径を検査する通り側ねじプラグゲージの記号は、GPである。

24　ジグ中ぐり盤の位置決め方式には、親ねじに補正装置をつけて読み取る方式や基準尺を光学的に読み取る方式等がある。

25　日本工業規格(JIS)によれば、ジグ用差込みブシュには、つば付きとつばなしの2種類がある。

［B群(多肢択一法)］

1　ラップ作業に用いるラップ液に関する記述として、誤っているものはどれか。

イ　鋳鉄には、油性又は水溶性のどちらでも使える。

ロ　SUS304には、油性を使用するとよい。

ハ　超硬合金には、アルコールを使うとよい。

ニ　黄銅には、油性又は水溶性のどちらでも使える。

2　けがき作業用塗料に関する記述として、正しいものはどれか。

イ　ご粉は、仕上げ用塗料である。

ロ　ご粉は、できるだけ厚く塗るとよい。

ハ　青竹には、ワニスとアルコールを混ぜるとよい。

ニ　青竹は、黒皮部分をけがく場合に使用する。

3　切削及び研削に関する記述として、誤っているものはどれか。

イ　ドリルは、ドリルのねじれ角が小さいと刃先が弱くなり、欠けやすくなる。

ロ　研削といしの組織とは、といしの全体積に対すると粒の占める割合のことである。

ハ　バイトのすくい角を大きくとれば、切れ味は良くなるが刃先は弱くなる。

ニ　側フライスは、主として側面及び溝削り用として用いられる。

4　測定器具に関する記述として、誤っているものはどれか。

イ　シリンダゲージは、外径用の測定器である。

ロ　オプチカルフラットは、比較的狭い部分の平面度測定に使われる。

ハ　サインバーは、ブロックゲージを併用して、角度測定に使われる。

ニ　水準器は、気泡管を用いて、水平面からの微小な傾斜を求める測定器である。

5　品質管理に関する記述のうち、誤っているものはどれか。

イ　良い品質とは、使用目的や要求精度を満足し経済的に生産できる品質のことである。

ロ　品質管理サイクルとは、受注、設計、製造及び販売の4ステップを回すことである。

ハ　品質管理の七つ道具とは、パレート図、特性要因図、グラフ、チェックシート、管理図、ヒストグラム及び散布図のことである。

ニ　製造工程が安定しているとは、作られる製品の特性値のばらつきの幅が小さいことである。

6　たけのこばねに関する記述として、正しいものはどれか。

イ　一般に引張り荷重を受けるところに使用する。

ロ　一般に曲げ荷重を受けるところに使用する。

ハ　一般にねじり荷重を受けるところに使用する。

ニ　一般に圧縮荷重を受けるところに使用する。

［B群(多肢択一法)］

7　放電加工の特徴に関する記述として、誤っているものはどれか。
　イ　超硬合金や焼入れ鋼でも、硬さに関係なく加工することができる。
　ロ　複雑な形状の形彫りや貫通加工ができる。
　ハ　テーパ穴の加工ができる。
　ニ　薄板の精密加工には適していない。

8　次のうち、精密ねじ切り作業に使用する切削油剤として、最も適しているものはどれか。
　イ　防錆性能の高い不水溶性切削油剤
　ロ　潤滑性能の高い不水溶性切削油剤
　ハ　冷却性能の高い水溶性切削油剤
　ニ　洗浄性能の高い水溶性切削油剤

9　グリース潤滑に関する記述として、誤っているものはどれか。
　イ　摩擦熱によりその一部が溶けて液体の状態で潤滑する。
　ロ　放熱性、冷却性がよいので、温度上昇が小さい。
　ハ　密封性がよく、長期間にわたり潤滑性能が維持できる。
　ニ　ちょう度番号が小さいほど、軟質である。

10　接合法に関する記述として、誤っているものはどれか。
　イ　アーク溶接は、融接である。
　ロ　はんだ付けは、ろう接である。
　ハ　電子ビーム溶接は、融接である。
　ニ　電気抵抗溶接は、融接である。

11　鋼材に関する記述として、誤っているものはどれか。
　イ　合金工具鋼は、帯のこ、丸のこなどの刃物に使用される。
　ロ　ステンレス鋼は、耐熱鋼として使用できない。
　ハ　高速度工具鋼は、旋盤で用いるバイトなどに使用される。
　ニ　高炭素クロム鋼は、軸受鋼材に使用される。

12　銅の機械的性質に関する記述として、正しいものはどれか。
　イ　亜鉛より延性が小さい。
　ロ　アルミニウムより延性が大きい。
　ハ　金より展性が大きい。
　ニ　銀より展性が大きい。

[B群(多肢択一法)]

13　機械構造用炭素鋼鋼材S45Cを加熱してオーステナイト領域の温度から水などにより急冷した場合、生成される金属組織はどれか。

イ　セメンタイト

ロ　フェライト

ハ　パーライト

ニ　マルテンサイト

14　鉄鋼材料の表面にPVD・CVD(コーティング処理)を行う目的として、誤っているものはどれか。

イ　耐摩耗性を向上させる。

ロ　耐食性を向上させる。

ハ　経年変化を抑える。

ニ　耐熱性を向上させる。

15　日本工業規格(JIS)によれば、炭素鋼の火花試験において、炭素量が増えたときの一般的な火花特性として、誤っているものはどれか。

イ　流線の数は増える。

ロ　流線の長さは短くなる。

ハ　破裂の数は少なくなる。

ニ　流線の太さは細くなる。

16　軟鋼における応力－ひずみ線図の各点を示す用語の組合せとして、正しいものはどれか。

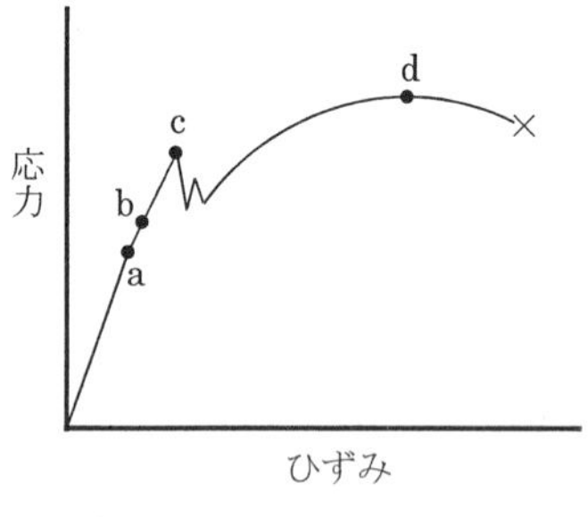

	a	b	c	d
イ	比例限度	弾性限度	極限強さ	上降伏点
ロ	比例限度	弾性限度	上降伏点	極限強さ
ハ	弾性限度	比例限度	上降伏点	極限強さ
ニ	弾性限度	上降伏点	比例限度	極限強さ

[B群(多肢択一法)]

17　油圧シリンダのピストンの動きが不安定になる原因として、適切でないものはどれか。

イ　シリンダからの油漏れがある。
ロ　作動油タンクの容量が大きすぎる。
ハ　シリンダの取付け状態に不具合がある。
ニ　シリンダ内に空気がたまっている。

18　日本工業規格(JIS)によれば、歯車製図において歯車の基準円の図示方法として、正しいものはどれか。

イ　細い実線
ロ　細い一点鎖線
ハ　細い破線
ニ　細い二点鎖線

19　電気に関する記述として、正しいものはどれか。

イ　電流を電流計で計るときは、回路に並列に接続する。
ロ　半導体とは、導体と絶縁体の中間の性質を持っているもので、亜鉛、すず等がある。
ハ　一般に、電気抵抗は、導体の長さに正比例し、導体の断面積に反比例する。
ニ　電気設備に関する技術基準を定める省令によれば、交流500Vの電圧は「高圧」に区分される。

20　文中の(　　)内に入る数値として、正しいものはどれか。

「労働安全衛生関係法令によれば、労働者が常時就業する場所で、精密な作業をするときの作業面の照度は、原則として(　　)ルクス以上と定められている。」

イ　100
ロ　300
ハ　800
ニ　1000

21　カムによる締付けに関する記述として、正しいものはどれか。

イ　締付け時間が短く、操作性もよい。
ロ　締付け時間は短いが、操作性がよくない。
ハ　締付けに時間はかかるが、操作性がよい。
ニ　締付けに時間がかかり、操作性もよくない。

[B群(多肢択一法)]

22　ジグに関する記述として、誤っているものはどれか。

イ　ジグは、工作機械の精度を良くするものではない。

ロ　ジグを使用して加工する場合は、工作機械の精度が多少劣っていても、比較的精度の高い製品を製作することができる。

ハ　ジグを使用することにより、製品の均一化を図ることができる。

ニ　ジグは、溶接構造等で作ることはない。

23　次の記述中の(　　)内に当てはまる語句として、適切なものはどれか。

ダイヤルゲージは、直線運動を(　　)に回転運動に変えた測定器である。

イ　機械的

ロ　電気的

ハ　流体的

ニ　光学的

24　放電加工に関する記述として、誤っているものはどれか。

イ　放電加工では、工作物に電気伝導性がないと加工できない。

ロ　放電加工による加工面は、旋盤やフライス盤加工と同じような条痕を持った面である。

ハ　放電加工とは、工作物と電極との間に放電を起こして、工作物を溶融、除去する加工方法である。

ニ　放電加工の加工速度は、仕上げ面の粗さに影響がある。

25　旋削ジグに関する記述として、誤っているものはどれか。

イ　バランスを考慮して取り付ける。

ロ　回転による遠心力が働く。

ハ　バイトの案内部を持っている。

ニ　主軸との心出しが容易にできる機構にする。

平成31年度 技能検定

2級 仕上げ 学科試験問題

(金型仕上げ作業)

1. 試験時間　1時間40分
2. 問題数　50題(A群25題、B群25題)
3. 注意事項

(1)　係員の指示があるまで、この表紙はあけないでください。

(2)　答案用紙(真偽法と多肢択一法の併用)に検定職種名、作業名、級別、受検番号、氏名を必ず記入してください。

(3)　係員の指示に従って、問題数を確かめてください。それらに異常がある場合は、黙って手を挙げてください。問題はA群(真偽法)とB群(多肢択一法)とに分かれています。

(4)　試験開始の合図で始めてください。

(5)　解答の方法(真偽法と多肢択一法の併用)は次のとおりです。

イ.　A群の問題(真偽法)は、一つ一つの問題の内容が正しいか、誤っているかを判断して解答してください。

ロ.　B群の問題(多肢択一法)は、正解と思うものを一つだけ選んで、解答してください。二つ以上に解答した場合は誤答となります。

ハ.　答案用紙(マークシート用紙)へ解答する際は、答案用紙に記載されている注意事項に従ってください。

ニ.　答案用紙の解答欄は、A群の問題とB群の問題とでは異なります。所定の解答欄に、試験問題の題数に応じて解答してください。解答欄はA群は50題まで、B群は25題まで解答できるようになっています。

(6)　電子式卓上計算機その他これと同等の機能を有するものは、使用してはいけません。

(7)　携帯電話等は、使用してはいけません。

(8)　試験中、質問があるときは、黙って手を挙げてください。ただし、試験問題の内容、漢字の読み方等に関する質問にはお答えできません。

(9)　試験終了時刻前に解答ができあがった場合は、黙って手を挙げて、係員の指示に従ってください。

(10)　試験中に手洗いに立ちたいときは、黙って手を挙げて、係員の指示に従ってください。

(11)　試験終了の合図があったら、筆記用具を置き、係員の指示に従ってください。

[A群(真偽法)]

1　5本組の組やすりの断面形状の組合せは、平形、丸形、半丸形、シノギ形及び角形である。

2　ハイトゲージでけがきを行う場合、ハイトゲージのスクライバを、線を引く方向に対して直角にあて、滑らすように引くとよい。

3　ガンドリルは、深穴の穴あけに使用される。

4　器差が+0.02mmのマイクロメータで測定を行ったとき、読みが160.00mmであった。実寸法は160.02mmである。

5　標準偏差は、ばらつきの大きさを定量的に表したものである。

6　平行ねじとは、ねじ山が円筒の外面又は内面にあるねじをいう。

7　平フライス切削において、下向き削りには、バックラッシ除去装置が有効である。

8　水溶性切削油剤は、不水溶性切削油剤よりも冷却能力が高い。

9　強制給油方式は、リング給油方式よりも冷却効果が劣っている。

10　厚板溶接は、一般に、スポット溶接(点溶接)が適している。

11　機械構造用炭素鋼は、ステンレス鋼(SUS304)より加工硬化しやすい。

12　調質とは、鋼に完全焼きなましを行うことである。

13　黒染処理は、化成処理の一つである。

14　日本工業規格(JIS)によれば、Oリングの用途別種類には、ISO一般工業用、ISO精密機器用、運動用、固定用、真空フランジ用の5種類が規定されている。

15　アイゾット試験は、衝撃試験である。

16　下図のように、2点で支えられた梁の中央に力Fがかかる場合の応力は、断面の形状が異なっても、断面積が等しければ同じである。

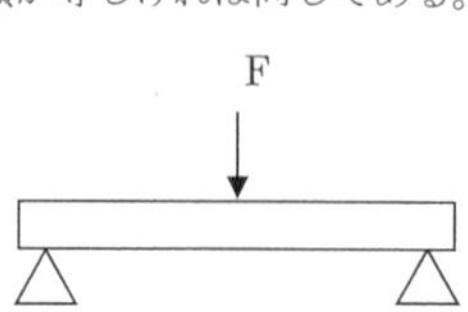

[A群(真偽法)]

17　ベーンポンプは、歯車の回転によって油を吐出させる構造のポンプである。

18　下図は、A面を基準として平行度の許容値が0.1mmであることを示す。

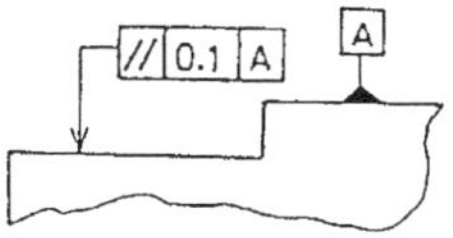

19　整流器は、交流を直流に変換することができる電気機器である。

20　労働安全衛生規則において、精密な作業の照度は、500ルクス以上と規定されている。

21　下図の金型のうち、ノックピンの入れ方として正しいのは、図Cである。

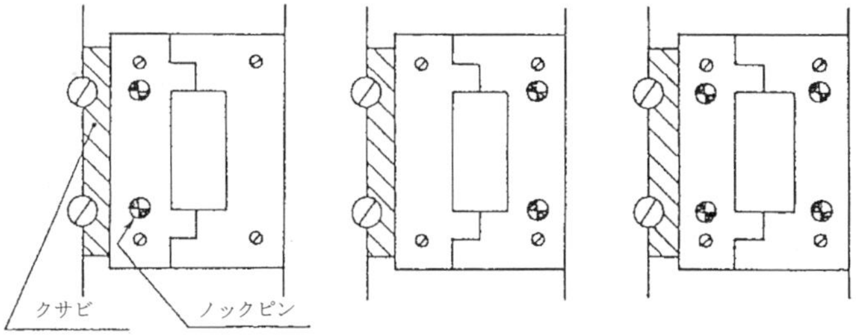

図A　図B　図C

22　測定投影機は、被検物の光学像をスクリーンに投影し、長さ、角度、輪郭などを測定する。

23　放電加工において加工速度を上げれば、仕上げ面粗さは悪くなる。

24　金型を調整する場合は、基準面に関係なく仕上げしろの加工を行ってよい。

25　合成樹脂射出成形用金型の検査では、成形機への取付け穴、水漏れ等の検査も行う。

[B群(多肢択一法)]

1　はつり作業に関する記述として、誤っているものはどれか。

イ　硬い材料をはつるときは、たがねの刃先を時々、油か水に浸けて刃先の硬さが低下しないように冷却する。

ロ　たがねの刃先が欠けるのは、刃先の角度が小さい、刃先の硬さが硬過ぎる等の理由が考えられる。

ハ　ハンマ振りでは、視線はたがねの頭に向ける。

ニ　はつりの終わり際では、軽く打つようにし、切りくずや切断片を遠くへ飛ばさないように注意する。

2　けがきに関する記述として、誤っているものはどれか。

イ　定盤の種類は、材料によって区分され、形状及び使用面の呼び寸法で分類されている。

ロ　定盤の等級は、使用面の平面度によって区別されている。

ハ　けがき用塗料は、厚く塗るとよい。

ニ　けがき線と捨てけがき線を区別するために、けがき線のほうにポンチを打つ。

3　切削工具に関する記述として、誤っているものはどれか。

イ　バイトは、旋盤、形削り盤、平削り盤等に取り付けて使用される切削工具である。

ロ　フライスは、平面、曲面、溝、歯形等の加工をする回転切削工具である。

ハ　金切りのこは、主として、金属材料の切断に用いる切削工具である。

ニ　スターティングドリルは、あらかじめあけられた穴を正確に仕上げるときに用いる切削工具である。

4　測定器に関する記述として、誤っているものはどれか。

イ　マイクロメータは、直接測定器である。

ロ　水準器は、角度測定器である。

ハ　ハイトゲージは、比較測定器である。

ニ　デプスゲージは、直接測定器である。

5　QC7つ道具に含まれないものはどれか。

イ　FT図

ロ　パレート図

ハ　散布図

ニ　ヒストグラム

［B群(多肢択一法)］

6　機械の主要構成要素に関する記述のうち、誤っているものはどれか。

イ　ねじのねじれ角とリード角の和は、90°である。

ロ　管用平行ねじのピッチは、25.4mm(1インチ)についての山数で表される。

ハ　Oリングは用途別によって区別され、「P」が運動用、「G」が固定用である。

ニ　円筒ころ軸受と玉軸受を比べた場合、一般に、円筒ころ軸受のほうが高速回転に適している。

7　テーブルをラムの運動と直線方向に間欠的に送り、往復運動するラムに取付けたバイトを使用して、工作物の平面及び溝削りを行う工作機械はどれか。

イ　フライス盤

ロ　プラノミラー

ハ　形削り盤

ニ　マシニングセンタ

8　次の切削油剤のうち、脂肪油(動植物油)はどれか。

イ　軽油

ロ　ひまし油

ハ　マシン油

ニ　ダイナモ油

9　グリース潤滑に関する記述として、誤っているものはどれか。

イ　放熱性、冷却能力が悪いので、油潤滑と比較して温度上昇が大きい。

ロ　密封性が良く、給油回数も少なくてよい。

ハ　グリースのちょう度は、ちょう度計に取り付けた円すいを、つぼに満たした試料に落下させ、5秒間進入した深さを読み取って求める。

ニ　一般に、高速回転、高荷重になるほど、ちょう度の高いグリースを用いる。

10　非溶極式のイナートガスアーク溶接で、タングステン又はタングステン合金を電極とする溶接はどれか。

イ　ミグ溶接

ロ　マグ溶接

ハ　ティグ溶接

ニ　サブマージアーク溶接

11　比重が、大きい順に正しく並んでいるものはどれか。

イ　銅(Cu) ＞ 鉛(Pb) ＞ 鉄(Fe)

ロ　鉛(Pb) ＞ 銅(Cu) ＞ 鉄(Fe)

ハ　鉄(Fe) ＞ 鉛(Pb) ＞ 銅(Cu)

ニ　銅(Cu) ＞ 鉄(Fe) ＞ 鉛(Pb)

[B群(多肢択一法)]

12　文中の(　　)内に当てはまる語句として、正しいものはどれか。
機械構造用炭素鋼鋼材S45Cの焼入れによって得られる結晶組織は、主として(　　)である。

イ　マルテンサイト
ロ　オーステナイト
ハ　パーライト
ニ　セメンタイト

13　耐食性が必要な鋼板に施され、生産現場で「どぶづけめっき」とも呼ばれるめっき法はどれか。

イ　電気めっき
ロ　溶融めっき
ハ　化学めっき
ニ　気相めっき

14　日本工業規格(JIS)におけるOリング用基本材料として、誤っているものはどれか。

イ　ニトリルゴム
ロ　ふっ素ゴム
ハ　シリコーンゴム
ニ　ポリウレタンゴム

15　非破壊検査法でない金属の検査方法はどれか。

イ　磁気探傷法
ロ　超音波探傷法
ハ　放射線透過法
ニ　クリープ試験法

16　文中の(　　)内に当てはまる語句として、適切なものはどれか。
荷重が引張になったり、圧縮になったりするような荷重の掛かり方を(　　)という。

イ　静荷重
ロ　片振り荷重
ハ　交番荷重
ニ　衝撃荷重

17　油圧制御弁の制御要素として、誤っているものはどれか。

イ　温度
ロ　方向
ハ　圧力
ニ　流量

[B群(多肢択一法)]

18　日本工業規格(JIS)によれば、除去加工をしない場合の図示記号として、正しいものはどれか。

イ　ロ　ハ　ニ

19　電力(W)を表している式として、正しいものはどれか。
ただし、直流電圧をV、電流をA及び抵抗をRとする。

イ　W=V×V×A
ロ　W=V×R
ハ　W=V×A
ニ　W=V×V×R

20　労働安全衛生関係法令に定める研削作業に関する記述として、誤っているものはどれか。

イ　研削といしは、その日の作業を開始する前に1分間以上試運転をしなければならない。
ロ　研削といしを取り替えたときは、3分間以上試運転をしなければならない。
ハ　その日の作業を開始する前の試運転は、特別教育修了者でなければ行ってはならない。
ニ　研削といしを取り替えたときの試運転は、特別教育修了者でなければ行ってはならない。

21　次の記述中の(　　)内に当てはまる語句として、適切なものはどれか。
合成樹脂射出成形用金型の(　　)は、成形機と金型の位置を適正にするものである。

イ　ロケートリング
ロ　ランナ
ハ　スペーサブロック
ニ　スプルーブシュ

22　放電加工に関する記述として、誤っているものはどれか。

イ　一般に、工作物(型材)の硬さに関係なく加工できる。
ロ　形彫り放電加工の場合は電極を作る必要がある。
ハ　導電性の材料が加工の対象となる。
ニ　工作物は、電極寸法と同一寸法に加工される。

［B群(多肢択一法)］

23　といしに関する記述として、正しいものはどれか。

イ　研削といしの目詰まりは、工作物が硬いときに起きやすい。
ロ　一般に、切り込みが大きいときには、結合度の低いといしを選ぶとよい。
ハ　一般に、硬い工作物には、硬い結合度のといしを使用する。
ニ　GCといしは、一般鋼材の研削に適している。

24　合成樹脂射出成形のバリ(モールドフラッシュ)の発生原因として、誤っているものはどれか。

イ　射出圧力が小さい。
ロ　材料供給量が多い。
ハ　成形機の型締力が不足している。
ニ　インサート金具の押切り面やスライドコアに密着不良がある。

25　穴あけジグでないものはどれか。

イ　板ジグ
ロ　箱ジグ
ハ　線ジグ
ニ　割出し付ジグ

平成30年度 技能検定
2級 仕上げ 学科試験問題
（金型仕上げ作業）

1. 試験時間　1時間40分
2. 問題数　50題(A群25題、B群25題)
3. 注意事項

(1)　係員の指示があるまで、この表紙はあけないでください。

(2)　答案用紙(真偽法と多肢択一法の併用)に検定職種名、作業名、級別、受検番号、氏名を必ず記入してください。

(3)　係員の指示に従って、問題数を確かめてください。それらに異常がある場合は、黙って手を挙げてください。問題はA群(真偽法)とB群(多肢択一法)とに分かれています。

(4)　試験開始の合図で始めてください。

(5)　解答の方法(真偽法と多肢択一法の併用)は次のとおりです。

イ．　A群の問題(真偽法)は、一つ一つの問題の内容が正しいか、誤っているかを判断して解答してください。

ロ．　B群の問題(多肢択一法)は、正解と思うものを一つだけ選んで、解答してください。二つ以上に解答した場合は誤答となります。

ハ．　答案用紙(マークシート用紙)へ解答する際は、答案用紙に記載されている注意事項に従ってください。

ニ．　答案用紙の解答欄は、A群の問題とB群の問題とでは異なります。所定の解答欄に、試験問題の題数に応じて解答してください。解答欄はA群は50題まで、B群は25題まで解答できるようになっています。

(6)　電子式卓上計算機その他これと同等の機能を有するものは、使用してはいけません。

(7)　携帯電話等は、使用してはいけません。

(8)　試験中、質問があるときは、黙って手を挙げてください。ただし、試験問題の内容、漢字の読み方等に関する質問にはお答えできません。

(9)　試験終了時刻前に解答ができあがった場合は、黙って手を挙げて、係員の指示に従ってください。

(10)　試験中に手洗いに立ちたいときは、黙って手を挙げて、係員の指示に従ってください。

(11)　試験終了の合図があったら、筆記用具を置き、係員の指示に従ってください。

[A群(真偽法)]

1　すり合わせ作業で、加工面の高いところに基準定盤の光明丹が付着したあたりを、赤あたりという。

2　トースカンは、定盤上の工作物の平行平面の確認や軸心の点検にも使用することができる。

3　下図のドリルは、左ねじれドリルである。

4　オプチカルフラットは、平面度を測定するのに用いられる。

5　抜取検査で合格となったロットの中の製品は、すべて良品である。

6　ピッチ円直径175mm、歯数50枚の標準平歯車のモジュールは、3である。

7　貫通穴のドリル加工において、ドリルの抜け際は、送り速度を速くするほうがよい。

8　切削油剤を大別すると、潤滑作用を目的とした不水溶性切削油剤と冷却作用を目的とした水溶性切削油剤に分けられる。

9　滴下注油では、一般に荷重のかかるところに給油穴を設けるべきではない。

10　アーク溶接は、レーザ溶接に比べ、溶接による熱変形が少ない。

11　チタンの比重は、アルミニウムの比重より大きい。

12　青熱ぜい性とは、約200～300℃のときの炭素鋼が常温のときよりも、もろくなる性質をいう。

13　高温加熱、スパッタリングなどの物理的方法で物質を蒸発し、基板に凝縮させ、薄膜を形成する方法の略称を、PVDという。

14　配管用フランジ等の静止部分の密封に使用するシールの総称を、ガスケットという。

15　ビッカース硬さ試験方法は、ダイヤモンド四角すい圧子を用いて測定する。

[A群(真偽法)]

16　断面積200cm^2の丸棒に、5880Nのせん断荷重が加わった場合のせん断応力は、0.294MPaである。

17　次の記号は、いずれも方向制御弁である。

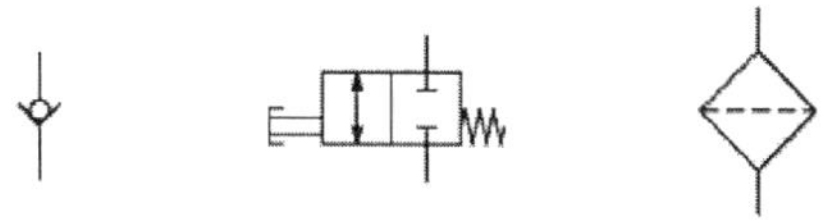

(a)　(b)　(c)

18　図1に示すような溶接を表す溶接記号は図Cである。

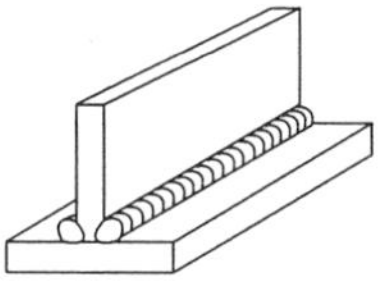

図1

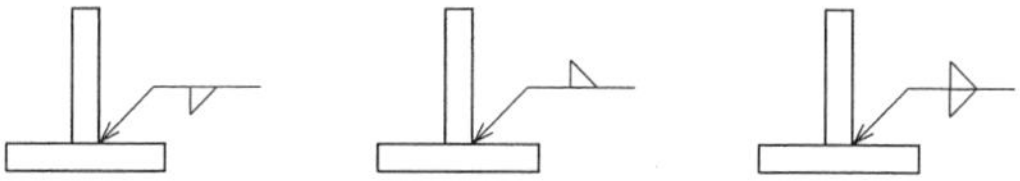

図A　図B　図C

19　50Hzの工場で使用していた誘導電動機を60Hzで使用すると、回転数は低くなる。

20　有機溶剤中毒予防規則に基づく局所排気装置については、2年以内ごとに1回、定期に、自主検査を行わなければならない。

21　パンチにシャー角をつけると、せん断荷重は増加する。

22　日本工業規格(JIS)によれば、ブロックゲージの精度の等級は、K級、0級、1級、2級、3級の5等級に分かれている。

23　ジグ研削盤加工では、内面研削はできるが、外周輪郭研削はできない。

[A群(真偽法)]

24　下図のような合成樹脂射出成形用金型において、型ずれを防止するためには、Pのようなストッパを付けるとよい。

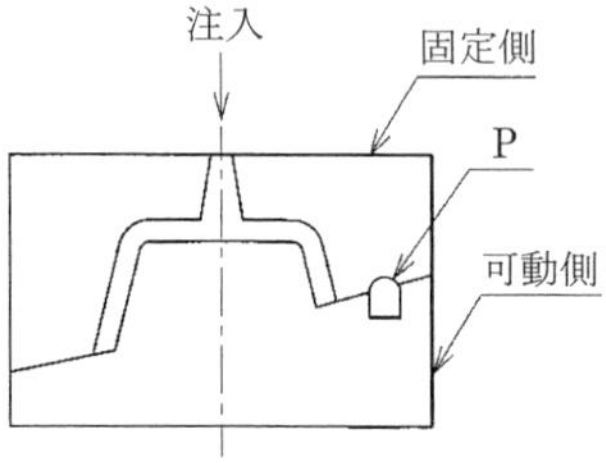

25　U曲げ加工において、スプリングバックを防止するために、曲げ部に加圧力を集中的に加える方法がある。

［Ｂ群(多肢択一法)］

1　はつり作業における平たがねの持ち方として、正しいものはどれか。

イ　刃先近くを軽く握るのがよい。

ロ　頭部近くを強くしっかり握るのがよい。

ハ　頭部近くを軽く握るのがよい。

ニ　刃先近くを強くしっかり握るのがよい。

2　けがきに関する記述として、誤っているものはどれか。

イ　精密なけがき作業では、ハイトゲージを使うことが多い。

ロ　けがき線と捨てけがき線を区別するために、けがき線のほうにポンチを打つ。

ハ　けがき用塗料は、厚く塗るほうがよい。

ニ　鋳造等の仕上げ面を持たないもののけがきは、一般に3点で支持して行う。

3　ドリルに関する記述として、誤っているものはどれか。

イ　標準的なドリルの先端角度は、118°である。

ロ　テーパシャンクドリルのテーパは、一般に、ナショナルテーパである。

ハ　シンニングとは、切削抵抗を少なくするために心厚を薄くした部分である。

ニ　深穴加工では、切りくずの切断を図り、切りくず詰まりを防ぐためにも、ステップ送りを行うとよい。

4　下図の内側マイクロメータの読みとして、正しいものはどれか。

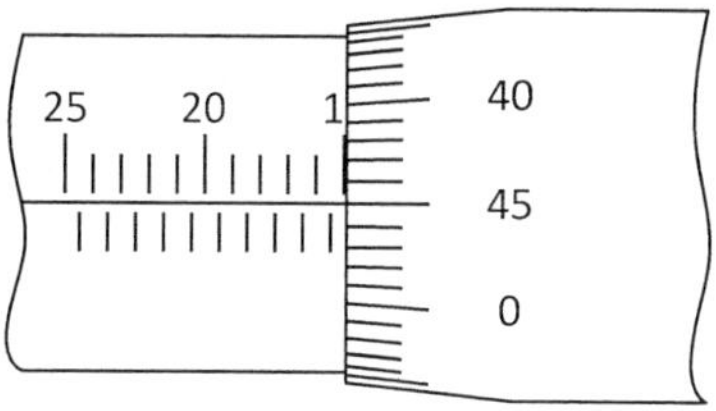

イ　14.95mm

ロ　15.45mm

ハ　15.95mm

ニ　24.95mm

5　品質管理に関する記述のうち、誤っているものはどれか。

イ　パレート図は、改善の目標設定に役立つ。

ロ　度数分布図は、種々の要因と特性との間の関係を表すのに役立つ。

ハ　特性要因図は、最終品質に影響を与える問題点を把握するのに役立つ。

ニ　管理図は、製造工程が安定した状態にあるかどうかを調べるのに役立つ。

［Ｂ群(多肢択一法)］

6　ウォームギヤに関する記述として、正しいものはどれか。

イ　一般的に、ウォームギヤは低速を高速にするとき(増速)に使用する。

ロ　ウォームからウォームホイールへの伝動はできない。

ハ　ウォームホイールの回転数はウォームのねじ条数に反比例する。

ニ　一般的に、ウォームギヤは二軸が直角な場合の減速機構である。

7　フライス盤に関する記述として、誤っているものはどれか。

イ　ベッド形フライス盤は、切り込み運動をコラム又は主軸頭で行う。

ロ　生産フライス盤は、ひざ形フライス盤のことである。

ハ　ロータリテーブル形フライス盤は、テーブルの回転運動により切削送りを与えるものである。

ニ　万能フライス盤は、テーブル又は主軸頭の取り付け角度を変えることができる。

8　汎用工作機械における切削油剤の働きに関する記述として、適切でないものはどれか。

イ　切りくずを適当な小片に破断させる。

ロ　工作物の仕上げ面粗さを向上させる。

ハ　工具の寿命を延長させる。

ニ　工作物の寸法精度を向上させる。

9　潤滑油の噴霧給油方式に関する記述として、誤っているものはどれか。

イ　油の攪拌《かくはん》がなく、温度上昇が小さい。

ロ　油浴方式より冷却作用が大きい。

ハ　内部圧力を高く保つことで、ごみの侵入が防げる。

ニ　水分や固形物の侵入の多い所に適している。

10　一般に、厚板どうしの溶接に適しているものはどれか。

イ　シーム溶接

ロ　スポット溶接

ハ　ガス溶接

ニ　アーク溶接

11　金属材料の性質に関する記述として、誤っているものはどれか。

イ　材料の引張荷重に対する抵抗力の大きさを引張強さという。

ロ　材料を押し縮めようとする力に対する抵抗力の大きさを圧縮強さという。

ハ　材料のねばり強さを示す性質をぜい性という。

ニ　材料の切削しやすさを示す性質を被削性という。

[B群(多肢択一法)]

12　熱処理に関する一般的注意事項として、誤っているものはどれか。

イ　材料を加熱するときは、徐々に、かつ、均等に行うようにする。

ロ　再焼入れをする場合は、焼なましを行う。

ハ　冷却を伴う熱処理において、厚さの異なる材料では、断面の小さい部分から先に冷やす。

ニ　焼入れ後は、焼戻しを行うことでじん性を持たせる。

13　めっきの種類の中で、一般に、機械部品の防食めっきとして使われないものはどれか。

イ　亜鉛めっき

ロ　ニッケルめっき

ハ　クロムめっき

ニ　金めっき

14　パッキン用材料に関する記述として、正しいものはどれか。

イ　パッキン構成素材として、非鉄金属は使用されない。

ロ　一般に、金属は硬質材であるから、パッキン材料としては使用されない。

ハ　一般に、天然ゴム製のパッキンは、合成ゴム製のものよりも耐油性が優れている。

ニ　ふっ素ゴム(FKM)は、ガソリンや軽油など、耐燃料性に優れている。

15　下図のような段付棒($d_1 : d_2 = 1 : 2$)に引張荷重Fが作用した場合、d_1に生ずる応力σ_1とd_2に生ずる応力σ_2の比を正しく表しているものはどれか。

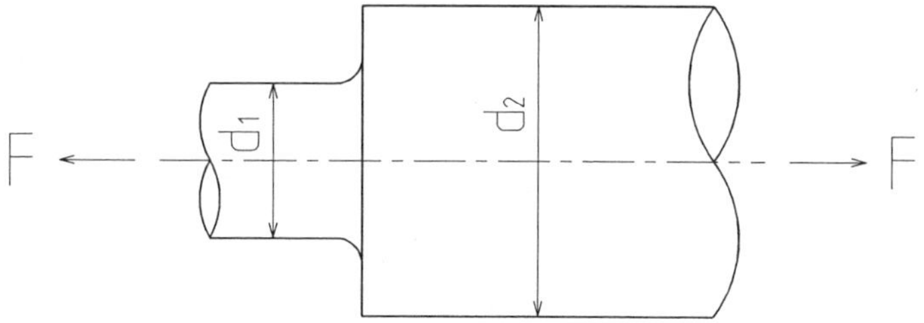

イ　$\sigma_1 : \sigma_2 = 2 : 1$

ロ　$\sigma_1 : \sigma_2 = 3 : 1$

ハ　$\sigma_1 : \sigma_2 = 4 : 1$

ニ　$\sigma_1 : \sigma_2 = 5 : 1$

16　次の記述のうち、誤っているものはどれか。

イ　引張応力と圧縮応力は、荷重の方向が違う。

ロ　切欠き部には応力が集中する。

ハ　弾性係数は応力とひずみの比である。

ニ　降伏応力は材料が破断する時の応力である。

［B群(多肢択一法)］

17 二つ以上の油圧回路の間に設けて、その操作の順序と回路の圧力を制御するときに用いる制御弁として、正しいものはどれか。

イ 減圧弁

ロ シーケンス弁

ハ シャトル弁

ニ 切換弁

18 機械製図における寸法補助記号の SR に関する記述として、正しいものはどれか。

イ 円弧の半径

ロ 円弧の長さ

ハ 球の半径

ニ 弦の長さ

19 次の材料のうち、導体でないものはどれか。

イ 鉛

ロ ニッケル

ハ 黒鉛

ニ ガラス

20 文中の(　　)内に当てはまる数値として、正しいものはどれか。

労働安全衛生関係法令において、機械間又はこれと他の設備との間に設ける通路の幅は、(　　) cm以上と定められている。

イ 70

ロ 80

ハ 100

ニ 120

21 金型構造部品のうち、日本工業規格(JIS)に規定されていないものはどれか。

イ モールド用平板部品

ロ ガイドポスト

ハ ガイドブシュ

ニ モールドベース

22 射出成形に使用しない金型はどれか。

イ 2プレート金型

ロ 3プレート金型

ハ ランナーレス金型

ニ マルチタイプ金型

［B群(多肢択一法)］

23　ハンドリーマ通し作業に関する記述として、誤っているものはどれか。
　イ　抜き出すときは、逆転させながら抜く。
　ロ　ハンドルは、両手で平均に回す。
　ハ　切削油は、十分に与える。
　ニ　特に食付き初めの垂直度に注意する。

24　抜き型の設計において、ダイの分割として一般に、適切でないダイブロックはどれか。
　イ　A
　ロ　B
　ハ　C
　ニ　D

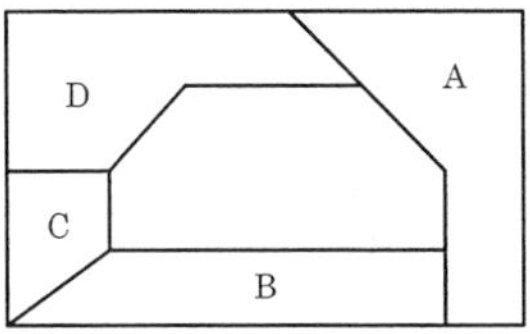

25　ジグを使用したときの利点として、誤っているものはどれか。
　イ　加工精度が向上する。
　ロ　作業能率が上がる。
　ハ　大量生産よりも少量生産に向いている。
　ニ　品質が一定であるものが得られる。

平成 29 年度 技能検定

2 級 仕上げ 学科試験問題

(金型仕上げ作業)

1. 試験時間　1 時間 40 分
2. 問題数　50 題(A 群 25 題、B 群 25 題)
3. 注意事項

(1) 係員の指示があるまで、この表紙はあけないでください。

(2) 答案用紙(真偽法と多肢択一法の併用)に検定職種名、作業名、級別、受検番号、氏名を必ず記入してください。

(3) 係員の指示に従って、問題数を確かめてください。それらに異常がある場合は、黙って手を挙げてください。問題はA 群(真偽法)と B 群(多肢択一法)とに分かれています。

(4) 試験開始の合図で始めてください。

(5) 解答の方法(真偽法と多肢択一法の併用)は次のとおりです。

イ. A 群の問題(真偽法)は、一つ一つの問題の内容が正しいか、誤っているかを判断して解答してください。

ロ. B 群の問題(多肢択一法)は、正解と思うものを一つだけ選んで、解答してください。二つ以上に解答した場合は誤答となります。

ハ. 答案用紙(マークシート用紙)へ解答する際は、答案用紙に記載されている注意事項に従ってください。

ニ. 答案用紙の解答欄は、A群の問題とB群の問題とでは異なります。所定の解答欄に、試験問題の題数に応じて解答してください。解答欄は A 群は 50 題まで、B 群は 25 題まで解答できるようになっています。

(6) 電子式卓上計算機その他これと同等の機能を有するものは、使用してはいけません。

(7) 携帯電話等は、使用してはいけません。

(8) 試験中、質問があるときは、黙って手を挙げてください。ただし、試験問題の内容、漢字の読み方等に関する質問にはお答えできません。

(9) 試験終了時刻前に解答ができあがった場合は、黙って手を挙げて、係員の指示に従ってください。

(10) 試験中に手洗いに立ちたいときは、黙って手を挙げて、係員の指示に従ってください。

(11) 試験終了の合図があったら、筆記用具を置き、係員の指示に従ってください。

[A群(真偽法)]

1　やすり作業において、やすりにチョークを塗るのは、一般に、目詰まりを防ぐためである。

2　ハイトゲージでけがきを行う場合、ハイトゲージは、線を引く方向に対して、直角に滑らすように引くとよい。

3　ダイヤモンドバイトは、鉄鋼材料の切削に適している。

4　一般に、水準器のガラス管に封入する液体には、エーテルやアルコールが使用される。

5　管理図は、工程を安定な状態に保持するために使用される。

6　すべり軸受に使用する軸受用材料には、軸の材質より硬い材質のものを使用するのがよい。

7　平フライス切削において、下向き削りには、バックラッシ除去装置が有効である。

8　一般に、エマルジョンタイプの水溶性切削油剤は、水を加えて希釈すると外観が乳白色になる。

9　すべり軸受に用いる潤滑油は、一般に、軸に掛かる力が大きくなるにしたがって粘度の低い油を使用する。

10　シャーリングとは、鋼板の縁を折り曲げる作業のことである。

11　黄銅の主成分は、銅と亜鉛である。

12　日本工業規格(JIS)によれば、鉄鋼用語のシーズニングとは、鋳物の鋳造内部応力を除去するため、長年月放置する操作をいう。

13　溶融めっきとは、亜鉛及びすずに多く採用され、溶融金属中に製品を浸漬して表面に皮膜を作る方法で、一般に、電気めっきより薄い皮膜ができる。

14　金属は、パッキンの材料として用いられない。

15　アイゾット試験は、衝撃試験である。

16　鋼材の引張強さの単位は、mm^3 である。

17　一般に、アキュムレータの取付けは、衝撃発生源の近くが適している。

［A群(真偽法)］

18　日本工業規格(JIS)によれば、平削りの加工方法記号はLである。

19　整流器は、交流を直流に変換する電気機器である。

20　労働安全衛生関係法令によれば、研削といしの取替えの業務は特別教育を必要としない。

21　プレス加工で穴を打ち抜いた場合、抜いた穴径と抜きかすの外径は同じである。

22　工具顕微鏡は、精密な尺度をもった移動テーブルを備え、物体の寸法を測定するための顕微鏡である。

23　放電加工において加工速度を上げれば、仕上げ面粗さは悪くなる。

24　次の合成樹脂射出成形品の欠陥のうち、金型の固定側と可動側との密着性に起因するものは(ウ)である。
(ア)　ばり　　(イ)　光沢不良　　(ウ)　ひけ

25　絞り加工を行ったところ、下図のように製品のフランジ部にしわが発生した。これは、ダイとパンチのすきまが製品の板厚より小さいからである。

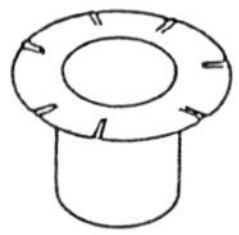

［B群(多肢択一法)］

1　はつり作業に関する記述として、誤っているものはどれか。

　イ　硬い材料をはつるときは、たがねの刃先を時々、油か水に浸けて刃先の硬さが低下しないように冷却する。

　ロ　たがねの刃先が欠けるのは、刃先の角度が小さい、刃先の硬さが硬過ぎる等の理由が考えられる。

　ハ　ハンマ振りでは、視線はたがねの頭に向ける。

　ニ　はつりの終わり際では、軽く打つようにし、切りくずや切断片を遠くへ飛ばさないように注意する。

2　やすりに関する記述として、誤っているものはどれか。

　イ　単目やすりは、アルミニウム合金、鉛、すず等の加工に適している。

　ロ　複目やすりは、鋼の加工に適している。

　ハ　鬼目やすりは、木、皮革等の加工に適している。

　ニ　波目やすりは、鋼の仕上げ加工に適している。

3　切削工具に関する記述として、誤っているものはどれか。

　イ　エンドミルは、主として溝加工や狭い場所の平面や端面を加工するのに用いられる。

　ロ　センタ穴ドリルは、工作物のセンタ穴のもみつけ用に使用される。

　ハ　穴ぐりバイトは、内径を加工するバイトである。

　ニ　ドリルには、右ねじれドリルはあるが左ねじれドリルはない。

4　図のAで目盛り線が一致しているデプスゲージの読みとして、正しいものは次のうちどれか。

　イ　16.0mm

　ロ　16.3mm

　ハ　21.0mm

　ニ　22.3mm

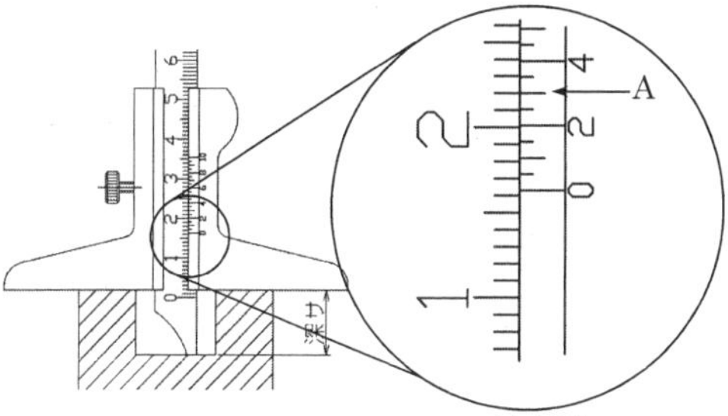

拡大図

5　QC7つ道具に含まれないものはどれか。

　イ　FT図

　ロ　パレート図

　ハ　散布図

　ニ　ヒストグラム

[B群(多肢択一法)]

6　ダブルナットの使用効果として、正しいものはどれか。

　イ　ねじのゆるみを防止する。

　ロ　2倍の力で締め付けることができる。

　ハ　気密性が向上する。

　ニ　直角以外の面の締め付けができる。

7　フライス盤に関する記述として、誤っているものはどれか。

　イ　テーブルを直接ベッドに載せ、切込み運動をコラム又は主軸頭で行う構造のフライス盤をベッド形フライス盤という。

　ロ　形板、模型又は実物に倣って、所要の形状を削り出すフライス盤を倣いフライス盤という。

　ハ　回転工具を用いて、主として文字、記号、模様などを彫刻するフライス盤を万能フライス盤という。

　ニ　コラムに沿って上下するニーの上にサドルを介して載せたテーブルが、前後、左右に運動する構造のフライス盤をひざ形フライス盤という。

8　切削油剤の働きとして、適切でないものはどれか。

　イ　潤滑作用

　ロ　破砕作用

　ハ　洗浄作用

　ニ　冷却作用

9　日本工業規格(JIS)によれば、ポンプを使用しない潤滑油の給油方式として、誤っているものはどれか。

　イ　油浴方式

　ロ　多系統方式

　ハ　滴下方式

　ニ　灯心方式

10　工作法に関する記述として、誤っているものはどれか。

　イ　レーザ加工法には、溶断や接合がある。

　ロ　アーク溶接は、熱変形が起きない。

　ハ　スポット溶接は、薄板溶接ができる。

　ニ　ガス溶接は、酸素とアセチレンガスを用いる。

11　文中の(　　)内に当てはまる数値として、適切なものはどれか。

機械構造用炭素鋼鋼材S45Cの炭素含有量は、約(　　)%である。

　イ　0.0045

　ロ　0.045

　ハ　0.45

　ニ　4.5

［B群(多肢択一法)］

12　鋼材の熱処理に関する記述のうち、誤っているものはどれか。

イ　炭素鋼において、焼入れ後の焼戻しでは、硬さを求める場合には高温焼戻しを行う。

ロ　鋳物の内部応力を除去する方法の一つに、応力除去焼きなましがある。

ハ　表面硬化方法には、浸炭焼入れ、窒化、高周波焼入れ、炎焼入れ等がある。

ニ　熱処理は、焼ならし、焼なまし、焼入れ及び焼戻しに大別できる。

13　金属表面に施す表面処理として、適切でないものはどれか。

イ　電気めっき

ロ　サブゼロ処理

ハ　溶融めっき

ニ　化成処理

14　日本工業規格(JIS)におけるOリング用基本材料として、誤っているものはどれか。

イ　ニトリルゴム

ロ　ふっ素ゴム

ハ　シリコーンゴム

ニ　ポリウレタンゴム

15　日本工業規格(JIS)によれば、試験片にダイヤモンド正四角すいを押しつけ、そのくぼみの表面積と試験荷重から求めて硬さを表す試験方法はどれか。

イ　ショア硬さ試験

ロ　ビッカース硬さ試験

ハ　ロックウェル硬さ試験

ニ　ブリネル硬さ試験

16　次の軟鋼の応力－ひずみ線図において、上降伏点を示す点はどれか。

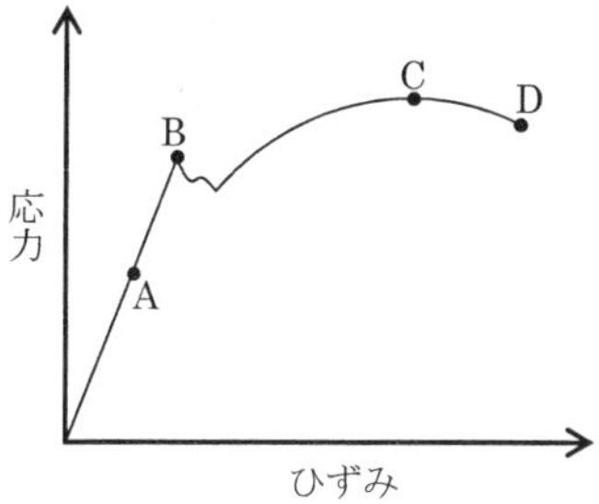

イ　A点

ロ　B点

ハ　C点

ニ　D点

［B群(多肢択一法)］

17　油圧回路に用いられる弁のうち、圧力制御弁でないものはどれか。
　イ　シャトル弁
　ロ　シーケンス弁
　ハ　減圧弁
　ニ　リリーフ弁

18　日本工業規格(JIS)によれば、除去加工をしない場合の図示記号として、正しいものはどれか。

イ　　ロ　　ハ　　ニ

19　次の回路図の合成抵抗値はどれか。

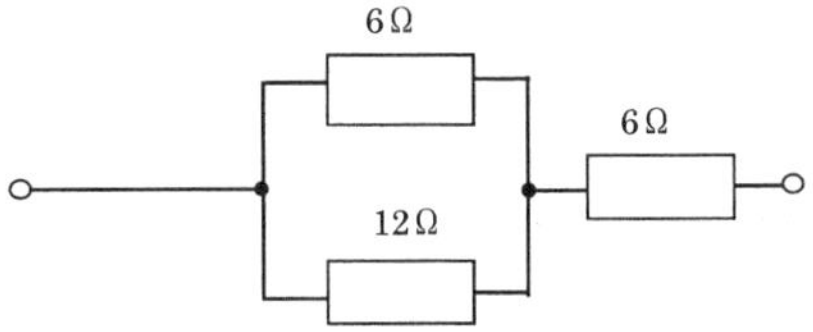

　イ　8Ω
　ロ　10Ω
　ハ　12Ω
　ニ　14Ω

20　文中の(　　)内に当てはまる数値として、正しいものはどれか。
労働安全衛生関係法令によれば、脚立の脚と水平面との角度は、(　　)度以下としなければならない。
　イ　75
　ロ　80
　ハ　85
　ニ　90

21　次の記述中の(　　)内に当てはまる語句として、適切なものはどれか。
合成樹脂射出成形用金型の(　　)は、成形機と金型の位置を適正にするものである。
　イ　ロケートリング
　ロ　ランナ
　ハ　スペーサブロック
　ニ　スプルーブシュ

[B群(多肢択一法)]

22　トランスファプレス加工の長所として、誤っているものはどれか。

イ　安全性が高い。
ロ　機械設備費が安価である。
ハ　生産性が高い。
ニ　省力化ができる。

23　放電加工に関する記述として、誤っているものはどれか。

イ　加工速度を上げれば電極消耗が多くなる。
ロ　工作物が大きい場合には、銅電極よりグラファイト電極のほうがよい。
ハ　加工速度を上げると電極と工作物の放電ギャップが大きくなる。
ニ　揺動加工では、電極本数が多くなる。

24　合成樹脂射出成形における充填《てん》不良の対策として、誤っているものはどれか。

イ　金型のゲートサイズを大きくする。
ロ　樹脂温度及び金型温度を上げる。
ハ　射出圧力を上げ、射出速度を速くする。
ニ　エアーベントの深さを浅くする。

25　穴あけジグでないものはどれか。

イ　板ジグ
ロ　箱ジグ
ハ　線ジグ
ニ　割出し付ジグ

平成 31 年度 技能検定

1 級 仕上げ 学科試験問題

(金型仕上げ作業)

1. 試験時間　1 時間 40 分
2. 問題数　50 題(A 群 25 題、B 群 25 題)
3. 注意事項

(1)　係員の指示があるまで、この表紙はあけないでください。

(2)　答案用紙(真偽法と多肢択一法の併用)に検定職種名、作業名、級別、受検番号、氏名を必ず記入してください。

(3)　係員の指示に従って、問題数を確かめてください。それらに異常がある場合は、黙って手を挙げてください。問題は A 群(真偽法)と B 群(多肢択一法)とに分かれています。

(4)　試験開始の合図で始めてください。

(5)　解答の方法(真偽法と多肢択一法の併用)は次のとおりです。

イ.　A 群の問題(真偽法)は、一つ一つの問題の内容が正しいか、誤っているかを判断して解答してください。

ロ.　B 群の問題(多肢択一法)は、正解と思うものを一つだけ選んで、解答してください。二つ以上に解答した場合は誤答となります。

ハ.　答案用紙(マークシート用紙)へ解答する際は、答案用紙に記載されている注意事項に従ってください。

ニ.　答案用紙の解答欄は、A 群の問題と B 群の問題とでは異なります。所定の解答欄に、試験問題の題数に応じて解答してください。解答欄は A 群は 50 題まで、B 群は 25 題まで解答できるようになっています。

(6)　電子式卓上計算機その他これと同等の機能を有するものは、使用してはいけません。

(7)　携帯電話等は、使用してはいけません。

(8)　試験中、質問があるときは、黙って手を挙げてください。ただし、試験問題の内容、漢字の読み方等に関する質問にはお答えできません。

(9)　試験終了時刻前に解答ができあがった場合は、黙って手を挙げて、係員の指示に従ってください。

(10)　試験中に手洗いに立ちたいときは、黙って手を挙げて、係員の指示に従ってください。

(11)　試験終了の合図があったら、筆記用具を置き、係員の指示に従ってください。

[A群(真偽法)]

1　きさげで平面を仕上げるときは、初めに黒当たりをとり、次に赤当たりをとる。

2　ドリルによる穴あけ作業において、下図のように、大小の穴の重なり合いが少ないときは、一般に大きいほうを最初に加工した方がよい。

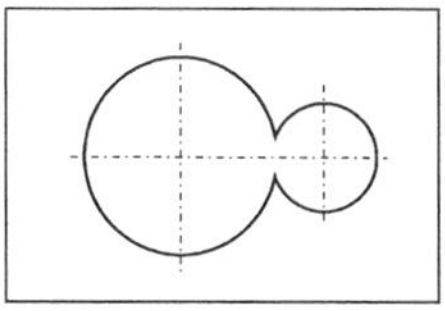

3　先端角を60°に研削したねじ切りバイトにすくい角をつけた場合、ねじ山の角度は、すくい角に関係なく60°になる。

4　限界プラグゲージで赤色のマークが付いている方は、止り側である。

5　$\overline{X}-R$ 管理図は、測定値をいくつかの範囲に分けて棒状もしくは滑らかな曲線で結んだ分布図で、ロット全体の傾向を示すものである。

6　テーパピンのテーパ比は、1 / 50である。

7　平削り盤は、テーブルを水平往復運動させ、バイトをテーブルの運動方向と直角方向に間欠的に送って、主として平面削りを行う工作機械のことである。

8　切削油剤を使用すると、すくい面への切りくずの付着を防止し、構成刃先の発生を防ぐ効果がある。

9　潤滑油に極圧添加剤を加えると、油膜が切れにくくなる。

10　溶接部に生じる欠陥のうちブローホールとは、溶接金属内部に形成された空洞部のことである。

11　一般に、機械構造用炭素鋼鋼材は、炭素量が多くなるほど引張強さが増す。

12　質量効果の大きい材料とは、内部まで十分に焼きが入らない材料のことをいう。

13　化成処理とは、化学及び電気化学的処理によって、金属表面に安定な化合物を生成させる処理のことである。

14　日本工業規格(JIS)のOリングの種類において、運動用はPの記号で表示する。

15　ビッカース硬さ試験では、鋼球の圧子を使用する。

[A群(真偽法)]

16　断面積1.5cm^2の丸棒に、直角にせん断荷重4500Nが加わった場合のせん断応力は、30MPaである。

17　ベーンポンプは、歯車の回転によって油を吐出させる構造のポンプである。

18　下図の記号は、直径7mmのドリルで8個の穴をあけることを表している。

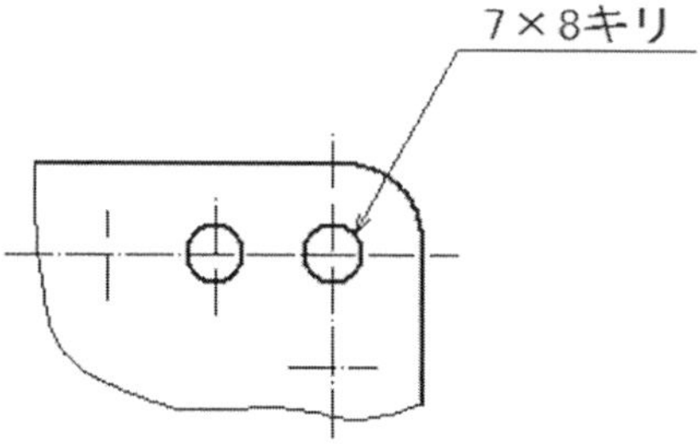

19　交流負荷から発生するノイズ対策には、ダイオードを用いるのがよい。

20　労働安全衛生関係法令によれば、機械間又は機械と他の設備との間に設ける通路の幅は、50cmあればよいとされている。

21　合成樹脂射出成形用金型のガスベントは、成形時に発生するガス等を金型の外へ排出するためのものである。

22　マイクロメータで軸の外径を測定する場合、マイクロメータが標準温度より温まっていると、測定値は実際の寸法より大きくなる。

23　シェービング加工は、絞り加工において発生する、しわを押さえる加工である。

24　抜き型のかす上がりを防ぐには、付着防止ピンを付けるか、パンチにシャー角を付けるとよい。

25　U曲げ加工において、スプリングバックを防止する方法の一つとして、スプリングバック量を見込んで製品底面を円孤状に反らせる方法がある。

［B群(多肢択一法)］

1　日本工業規格(JIS)によれば、加工方法記号の手仕上げ分類のうち、やすり仕上げを表すものはどれか。
　イ　FF
　ロ　FP
　ハ　FR
　ニ　FS

2　けがきに関する記述として、誤っているものはどれか。
　イ　定盤の種類は、「材料」及び「使用面の呼び寸法」で区分されている。
　ロ　定盤の等級は、使用面の平面度によって区別されている。
　ハ　けがき用塗料は、厚く塗るとよい。
　ニ　けがき線と捨てけがき線を区別するために、けがき線の方にポンチを打つ。

3　研削といしに関する記述として、正しいものはどれか。
　イ　結合度が高い場合、といしの周速度は遅いほうがよい。
　ロ　結合度が低い場合、目つぶれが起こりやすい。
　ハ　結合度が高い場合、目こぼれが起こりやすい。
　ニ　結合度が低い場合、目づまりが起こりやすい。

4　測定器具に関する記述として、誤っているものはどれか。
　イ　シリンダゲージは、外径用の測定器である。
　ロ　オプチカルフラットは、比較的狭い部分の平面度測定に使われる。
　ハ　サインバーは、ブロックゲージを併用して、角度測定に使われる。
　ニ　水準器は、気泡管を用いて、水平面からの微小な傾斜を求める測定器である。

5　品質管理に関する記述として、正しいものはどれか。
　イ　100個入り箱詰めの電球の破損数を管理するためには、np 管理図を用いるとよい。
　ロ　計数値の特性を管理するためには、主として、$\overline{X}-R$ 管理図が用いられる。
　ハ　抜取検査で合格となったロット中には、不良品は全く含まれていない。
　ニ　LQLとは、合格品質水準のことである。

6　機械の主要構成要素に関する記述として、誤っているものはどれか。
　イ　2軸間に一定速度の回転運動及び動力を伝達するためには、歯車を使用する。
　ロ　呼び径が同一でも、有効径は、並目ねじよりも細目ねじのほうが大きい。
　ハ　軸受には、軸に対して直角方向に作用するスラスト軸受と軸方向に荷重を支えるラジアル軸受がある。
　ニ　台形ねじは、ボールねじと比較してバックラッシが大きい。

[B群(多肢択一法)]

7　放電加工の特徴に関する記述として、誤っているものはどれか。

イ　超硬合金や焼入れ鋼でも、硬さに関係なく加工することができる。

ロ　複雑な形状の形彫りや貫通加工ができる。

ハ　テーパ穴の加工ができる。

ニ　薄板の精密加工には適していない。

8　「水で希釈すると白濁し、冷却性がよく潤滑性もある」切削油剤の種類として、正しいものはどれか。

イ　エマルジョン形

ロ　鉱物油

ハ　混合油

ニ　ソリュブル形

9　グリース潤滑に関する記述として、誤っているものはどれか。

イ　摩擦熱によりその一部が溶けて液体の状態で潤滑する。

ロ　放熱性、冷却性がよいので、温度上昇が小さい。

ハ　密封性がよく、長期間にわたり潤滑性能が維持できる。

ニ　ちょう度番号が小さいほど、軟質である。

10　プレス機械のフレームの形状の分類として、誤っているものはどれか。

イ　C形

ロ　H形

ハ　コラム形

ニ　ストレートサイド形

11　合金に関する記述として、正しいものはどれか。

イ　黄銅は、銅と亜鉛を主成分とする合金である。

ロ　はんだは、すずとアルミニウムを主成分とする合金である。

ハ　青銅は、銅と鉛を主成分とする合金である。

ニ　ホワイトメタル合金は、アルミニウムを主成分とする合金である。

12　オイルシールの取扱いに関する記述として、誤っているものはどれか。

イ　作業台などの上にオイルシールを放置すると、オイルシールの表面に砂ぼこり、切粉などが付着するので注意する。

ロ　オイルシールを作業場に保管する場合には、ワイヤー又は糸でつり下げる。

ハ　オイルシールの洗浄が必要な場合には、研磨剤入りクリーナ、溶剤、腐食性のある液体、化学的な洗浄液などを用いない。

ニ　取り付け時、シールリップには、適正で正常な潤滑油を塗布する。

[B群(多肢択一法)]

13　文中の(　　)内に当てはまる語句として、適切なものはどれか。

鋼をオーステナイトの状態にした後、冷却剤中で急冷して(　　)組織を得るための操作を焼入れと呼ぶ。

イ　パーライト
ロ　トルースタイト
ハ　マルテンサイト
ニ　ソルバイト

14　PVD及びCVDに関する記述として、誤っているものはどれか。

イ　一般に、耐摩耗性を向上させる。
ロ　一般に、耐食性を向上させる。
ハ　PVDとは気相化学反応によって、製品の表面に薄膜を形成する処理のことである。
ニ　CVDには、常圧CVD、減圧CVD、プラズマCVDなどがある。

15　次のうち、金属内部欠陥の検出に適さないものはどれか。

イ　放射線透過試験
ロ　超音波探傷試験
ハ　磁粉探傷試験
ニ　蛍光浸透探傷試験

16　下図に示す吊り上げ機構において、動滑車に吊るした物体の重さ(滑車の重さを含む)による力が1000Nのとき、吊り上げに要する力Fとして、正しいものはどれか。

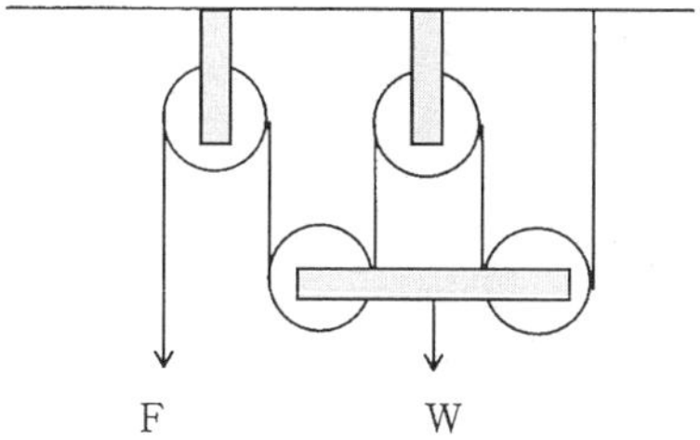

イ　250N
ロ　500N
ハ　750N
ニ　1000N

[B群(多肢択一法)]

17　油圧シリンダのピストンの動きが不安定になる原因として、適切でないものはどれか。

イ　シリンダからの油漏れがある。

ロ　作動油タンクの容量が大きすぎる。

ハ　シリンダの取付け状態に不具合がある。

ニ　シリンダ内に空気がたまっている。

18　日本工業規格(JIS)によれば、高速度工具鋼鋼材の種類の記号はどれか。

イ　SGP

ロ　SWRS

ハ　FC

ニ　SKH

19　電力P(W)、電圧V(V)、電流I(A)、抵抗R(Ω)とすると、電力Pを求める式に関して、誤っているものはどれか。

イ　$P=I^2/R$

ロ　$P=VI$

ハ　$P=I^2R$

ニ　$P=V^2/R$

20　労働安全衛生関係法令に定められている「特別教育を必要とする業務」に該当しないものはどれか。

イ　吊り上げ荷重が、5トン未満のクレーンの運転

ロ　吊り上げ荷重が、1トン以上のクレーンの玉掛け

ハ　研削といしの取替え又は取替え時の試運転

ニ　シャーの安全装置、安全囲いの取付け、取外し、調整

21　ランナレス金型の種類として、適切でないものはどれか。

イ　インシュレーテッドランナ方式(断熱ランナ)

ロ　延長ノズル方式(エクステンションノズル)

ハ　ホットランナ方式(加熱ランナ)

ニ　コールドマニホールド方式(コールドランナ)

22　合成樹脂射出成形の際に、射出速度が低いことで起こる現象として、誤っているものはどれか。

イ　末端部のひけ

ロ　ウェルドライン

ハ　ジェッティング

ニ　ショートショット

［B群(多肢択一法)］

23　圧入焼ばめ作業の記述として、誤っているものはどれか。

イ　圧入荷重は、しめしろの量と仕上げ面の性質に左右される。

ロ　圧入作業は、両者の軸心を完全に一致させ、垂直に荷重をかける。

ハ　重量物の焼ばめは、途中で止まることはないので軸の面に乾燥した潤滑剤を塗ることはない。

ニ　焼ばめ温度は、一般に、100℃程度がよく、高温過ぎると硬度低下を起こす。

24　射出成形用金型で「ゲート付近」に発生する不良として最も適切なものはどれか。

イ　ソリ、曲がり、ツイスト

ロ　ショートショット

ハ　ウェルドライン

ニ　フローマーク

25　ジグの取扱いに関する記述として、誤っているものはどれか。

イ　切りくずが基準面に付着しないように注意する。

ロ　ボルト締めのジグでは、締めるボルトの順序は、考慮しなくてよい。

ハ　基準面に傷が付かないように注意する。

ニ　締付け箇所は、均一にしっかりと締める。

平成30年度 技能検定

1級 仕上げ 学科試験問題

（金型仕上げ作業）

1. 試験時間　1時間40分
2. 問題数　50題(A群25題、B群25題)
3. 注意事項

(1)　係員の指示があるまで、この表紙はあけないでください。

(2)　答案用紙(真偽法と多肢択一法の併用)に検定職種名、作業名、級別、受検番号、氏名を必ず記入してください。

(3)　係員の指示に従って、問題数を確かめてください。それらに異常がある場合は、黙って手を挙げてください。問題はA群(真偽法)とB群(多肢択一法)とに分かれています。

(4)　試験開始の合図で始めてください。

(5)　解答の方法(真偽法と多肢択一法の併用)は次のとおりです。

イ.　A群の問題(真偽法)は、一つ一つの問題の内容が正しいか、誤っているかを判断して解答してください。

ロ.　B群の問題(多肢択一法)は、正解と思うものを一つだけ選んで、解答してください。二つ以上に解答した場合は誤答となります。

ハ.　答案用紙(マークシート用紙)へ解答する際は、答案用紙に記載されている注意事項に従ってください。

ニ.　答案用紙の解答欄は、A群の問題とB群の問題とでは異なります。所定の解答欄に、試験問題の題数に応じて解答してください。解答欄はA群は50題まで、B群は25題まで解答できるようになっています。

(6)　電子式卓上計算機その他これと同等の機能を有するものは、使用してはいけません。

(7)　携帯電話等は、使用してはいけません。

(8)　試験中、質問があるときは、黙って手を挙げてください。ただし、試験問題の内容、漢字の読み方等に関する質問にはお答えできません。

(9)　試験終了時刻前に解答ができあがった場合は、黙って手を挙げて、係員の指示に従ってください。

(10)　試験中に手洗いに立ちたいときは、黙って手を挙げて、係員の指示に従ってください。

(11)　試験終了の合図があったら、筆記用具を置き、係員の指示に従ってください。

［A群(真偽法)］

1　日本工業規格(JIS)によれば、鉄工やすりの目切り部の硬さは、62HRC以上である。

2　たがねの刃先角は、工作物が硬くなるほど鋭角にしたほうがよい。

3　日本工業規格(JIS)によれば、研削といしは、研削材の種類、研削材の粒度、結合度、組織、結合剤及び細分記号等の各項目を、1包装ごとに明記するよう規定されている。

4　オプチカルフラットは、光波の干渉じまにより、鏡面仕上げ面等の平面度を測定することができる。

5　標準偏差とは、品質のばらつきの最大と最小との差のことである。

6　モジュール3、歯先円直径96mmの標準平歯車の歯数は、30枚である。

7　ボールねじは、精密な位置決めに使用できるので、NC工作機械に多く使われている。

8　一般に、切削油剤に適量の硫黄や硫化物を添加剤として加えると、切削上の効果として潤滑作用が良くなる。

9　油の粘度は油の流動性を示すものであり、常温では、粘度の高い油の方が流動性が悪く流れにくい。

10　型鍛造は、金属材料を加熱溶解し、砂型に流し込んで任意の形状の品物をつくる工作法のことである。

11　金属の展性とは、材料を棒や線のように引き伸ばすことのできる性質をいう。

12　鋼材の焼入れの目的は、残留応力の除去等である。

13　高温加熱、スパッタリングなどの物理的方法で物質を蒸発し、基板に凝縮させ、薄膜を形成する方法の略称を、PVDという。

14　Oリングの用途別種類の記号Pは、固定用である。

15　蛍光浸透探傷試験は、材料内部の傷の検査に使用される。

16　同一材料、同一条件のもとで使用される2つのはりでは、断面係数が小さいもののほうが大きいものより曲げに対して強い。

[A群(真偽法)]

17 リリーフ弁とは、回路内の圧力を設定値に保持するために、流体の一部又は全部を逃がす圧力制御弁のことである。

18 日本工業規格(JIS)による加工方法の記号ZMは、けがきを表す。

19 三相誘導電動機においては、電源からの3本の線のうち、2本を入れ替えて結線することによって回転方向を逆にすることができる。

20 有機溶剤中毒予防規則によれば、屋内作業場等における有機溶剤等の区分の色分けによる表示のうち、第一種有機溶剤等は、青である。

21 合成樹脂射出成形用金型のエジェクタブロックの戻し機構には、スプリングを使用するのが最も一般的である。

22 板挟みゲージの種類は、両口板挟みゲージと、片口板挟みゲージの2種類である。

23 磨き作業に使用する研磨紙の表示ナンバーの粒度は、$10mm^2$当たりの粒度で表示される。

24 金型の再研削を容易にするために、ガイドポストを着脱式にすることがある。

25 打ち抜きを行う際に生じる二次せん断面は、クリアランスが大きいときに発生する。

［B群(多肢択一法)］

1　ラップ作業で光沢面及び仕上げ面精度を得る場合の記述として、誤っているものはどれか。

イ　工作物は、一般に、硬度が高いほど鏡面が得られる。

ロ　湿式法と乾式法があるが、鏡面仕上げをする場合は乾式法がよい。

ハ　仕上げ加工をする場合、ラップ液(加工液)は荒加工より粘度の低い油を用いる。

ニ　ラップ工具は、工作物より軟質のものを用いる。

2　けがき作業における工作物の据付方法に関する記述として、適切でないものはどれか。

イ　基準面として加工済みの場合は、その基準面を直接定盤上に置いて行う。

ロ　基準面が仕上がっていて、定盤上に直接置くことが不都合なときは、金ます及びアングルプレートなどを使用して行う。

ハ　基準面が加工されていない鋳造品や鍛造品などは、豆ジャッキを使用して4点支持で行う。

ニ　小物、丸棒を固定する際、金ますを使用し、定盤上で倒せば直角けがきができる。

3　切削工具に関する記述のうち、誤っているものはどれか。

イ　ガンドリルは、主として、深穴の穴あけに使用される。

ロ　エンドミルの右刃とは、駆動側から見て右回転すると工作物を切削することができる刃のことをいう。

ハ　不等間隔偶数刃リーマは、等間隔偶数刃リーマよりもびびりやすい。

ニ　溝なしタップの下穴は、溝付きタップの下穴よりも大きくすべきである。

4　内径を測定・検査する測定具として、適していないものはどれか。

イ　プラグゲージ

ロ　キャリパ形内側マイクロメータ

ハ　シリンダゲージ

ニ　オートコリメータ

5　品質管理に関する記述として、誤っているものはどれか。

イ　パレート図とは、項目別に層別して出現度数の大きさの順に並べるとともに、累積和を示した図のことである。

ロ　抜取検査とは、ある一つのロットを選び、そのロットに含まれる全部を検査する方法のことである。

ハ　$\overline{X}$ －R管理図に用いるUCL、LCLとは、管理限界線のことである。

ニ　特性要因図とは、特定の結果と原因系の関係を系統的に表した図のことである。

[B群(多肢択一法)]

6　管用テーパねじに関する記述として、誤っているものはどれか。

イ　記号は、テーパおねじをR、テーパめねじをRcで表す。

ロ　テーパおねじ及びテーパめねじの表し方に、PTがある。

ハ　ねじ山の角度は、60°である。

ニ　テーパは、1/16である。

7　旋盤に関する記述として、誤っているものはどれか。

イ　普通旋盤では、主軸の回転と切削送りは一台のモータで行う。

ロ　普通旋盤では、主軸回転数の変速は歯車のかみ合いの変更によって行う。

ハ　数値制御旋盤では、周速を一定に制御することができない。

ニ　数値制御旋盤では、主軸のモータの他に横送りと縦送りのモータがある。

8　文中の(　　)内に当てはまる語句として、適切なものはどれか。

水溶性切削油剤は、水で希釈して使用する切削油剤で、日本工業規格(JIS)では(　A　)に区分されており、(　B　)を主目的に使用される。

	A	B
イ	3種類	冷却効果
ロ	2種類	潤滑効果
ハ	3種類	潤滑効果
ニ	2種類	冷却効果

9　次のうち、高速回転体の潤滑方法として、最も適しているものはどれか。

イ　リング給油方式

ロ　滴下給油方式

ハ　グリース給油方式

ニ　強制給油方式

10　金属接合法に関する記述のうち、誤っているものはどれか。

イ　融接は、母材を溶融して接合する。

ロ　圧接は、母材を半溶融状態で機械的圧力を加え接合する。

ハ　ろう接は、母材を溶融させないで、別の溶融金属を介して接合する。

ニ　硬ろう接とは、はんだ付けをいう。

11　鋼材に関する記述のうち、誤っているものはどれか。

イ　一般に、一般構造用圧延鋼材は、焼入れはしない。

ロ　溶接構造用圧延鋼材は、炭素量が0.25%以下である。

ハ　鍛鋼品は、リムド鋼である。

ニ　H鋼は、焼入端からの一定距離における硬さの上限、下限又は範囲を保証した鋼である。

[B群(多肢択一法)]

12　機械構造用炭素鋼鋼材のS45Cの炭素含有量として、正しいものはどれか。

イ　0.042% ～0.048%

ロ　0.42% ～ 0.48%

ハ　4.2% ～ 4.8%

ニ　42% ～ 48%

13　次のうち、焼なましを行う目的として、誤っているものはどれか。

イ　金属の硬化

ロ　内部応力の除去

ハ　結晶組織の調整

ニ　冷間加工性の改善

14　次の表面処理のうち、一般的な使用条件の下で最も膜厚が薄いものはどれか。

イ　硬質クロムめっき

ロ　セラミック溶射

ハ　PVD

ニ　浸漬塗装

15　文中の(　　)内に入る語句として、適切なものはどれか。

金属材料試験のうち、材料の粘り強さを知る方法の一つに、(　　)衝撃試験方法がある。

イ　シャルピー

ロ　ロックウェル

ハ　ビッカース

ニ　ブリネル

16　材料力学に関する記述として、誤っているものはどれか。

イ　圧縮応力は、次式により求めることができる。

$$\text{圧縮応力}\ \sigma = \frac{P}{A}$$

ただし、P：圧縮荷重、A：断面積とする。

ロ　下図に示す切欠きのある材料に荷重がかかる場合、溝底の断面積が等しければ、図Aの切欠きは、図Bの切欠きより応力集中が大きい。

図A　　　図B

ハ　縦弾性係数は、次式により求めることができる。

$$\text{縦弾性係数} = \frac{\text{応力}}{\text{ひずみ}}$$

ニ　S－N曲線とは、応力－ひずみ線図のことである。

[B群(多肢択一法)]

17　空気圧フィルタの主目的に関する記述として、正しいものはどれか。

イ　オイルタンクのオイルをろ過する。

ロ　圧縮空気中に含む水分を除去して乾燥空気を得る。

ハ　圧縮空気中の比較的大きな遊離水滴や異物を除去する。

ニ　空気圧回路内の圧力を設定値に保持する。

18　日本工業規格(JIS)の加工方法記号において、手仕上げの分類のうち、やすり仕上げを表すものはどれか。

イ　FF

ロ　FL

ハ　FR

ニ　FS

19　交流電圧に関する記述として、誤っているものはどれか。

イ　電圧の変更は、直流に比べて容易である。

ロ　電圧は、正負に変化する。

ハ　基本的な波形は、サインカーブである。

ニ　交流電力は、電圧と力率の積で表される。

20　労働安全衛生関係法令によれば、研削といしの覆いの規定が適用外になる研削といしの直径はどれか。

イ　50mm未満

ロ　60mm未満

ハ　65mm未満

ニ　70mm未満

21　金型内部に一定のピッチでいくつかの工程を配列し、材料を1ピッチずつ移動させていく金型はどれか。

イ　トランスファ金型

ロ　汎用型

ハ　順送り型

ニ　精密抜き型

22　プラスチック用金型による成形法でシャンプー容器やペットボトルの形状を成形するのはどれか。

イ　射出成形法

ロ　押出成形法

ハ　ブロー成形法

ニ　熱成形法

［B群（多肢択一法）］

23　合成樹脂射出成形におけるばりの発生原因として、誤っているものはどれか。

イ　射出圧力が小さい。

ロ　型締力が不足している。

ハ　樹脂温度及び金型温度が高すぎる。

ニ　押切り面の突き当てが不完全である。

24　図のプレス金型における、抜き加工の切り口面の解説として正しいものはどれか。

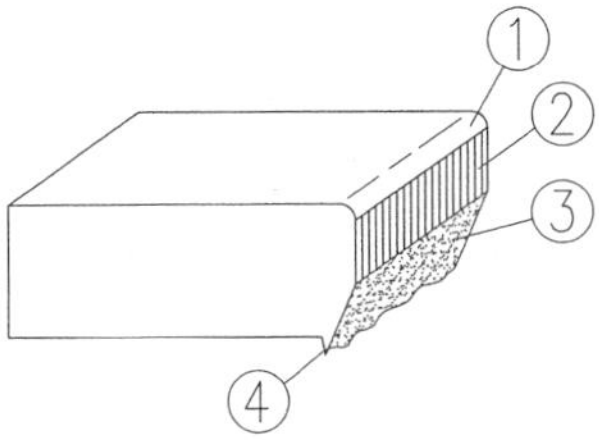

イ　①バリ　②破断面　③せん断面　④だれ面

ロ　①バリ　②せん断面　③破断面　④だれ面

ハ　①だれ面　②せん断面　③破断面　④バリ

ニ　①だれ面　②破断面　③せん断面　④バリ

25　ジグの運用に関する記述として、適切でないものはどれか。

イ　工作を容易にする。

ロ　精度を安定及び向上させる。

ハ　熟練を要する作業を増やす。

ニ　工作物の互換性を向上させる。

平成29年度 技能検定

1級 仕上げ 学科試験問題

(金型仕上げ作業)

1. 試験時間　1時間40分
2. 問題数　50題(A群25題、B群25題)
3. 注意事項

(1) 係員の指示があるまで、この表紙はあけないでください。

(2) 答案用紙(真偽法と多肢択一法の併用)に検定職種名、作業名、級別、受検番号、氏名を必ず記入してください。

(3) 係員の指示に従って、問題数を確かめてください。それらに異常がある場合は、黙って手を挙げてください。問題はA群(真偽法)とB群(多肢択一法)とに分かれています。

(4) 試験開始の合図で始めてください。

(5) 解答の方法(真偽法と多肢択一法の併用)は次のとおりです。

イ. A群の問題(真偽法)は、一つ一つの問題の内容が正しいか、誤っているかを判断して解答してください。

ロ. B群の問題(多肢択一法)は、正解と思うものを一つだけ選んで、解答してください。二つ以上に解答した場合は誤答となります。

ハ. 答案用紙(マークシート用紙)へ解答する際は、答案用紙に記載されている注意事項に従ってください。

ニ. 答案用紙の解答欄は、A群の問題とB群の問題とでは異なります。所定の解答欄に、試験問題の題数に応じて解答してください。解答欄はA群は50題まで、B群は25題まで解答できるようになっています。

(6) 電子式卓上計算機その他これと同等の機能を有するものは、使用してはいけません。

(7) 携帯電話等は、使用してはいけません。

(8) 試験中、質問があるときは、黙って手を挙げてください。ただし、試験問題の内容、漢字の読み方等に関する質問にはお答えできません。

(9) 試験終了時刻前に解答ができあがった場合は、黙って手を挙げて、係員の指示に従ってください。

(10) 試験中に手洗いに立ちたいときは、黙って手を挙げて、係員の指示に従ってください。

(11) 試験終了の合図があったら、筆記用具を置き、係員の指示に従ってください。

［A群(真偽法)］

1　軟らかい材料のはつりに使用する平たがねの刃先角度は、一般に、硬い材料をはつるときよりも大きくするとよい。

2　軟らかい材料の穴あけに使用するドリルは、一般に硬い材料の穴をあけるものよりも逃げ角を大きくするとよい。

3　ターゲットドリルとは、穴の中心部を残して穴あけをするドリルをいう。

4　外側マイクロメータのフレームを、直接素手で長時間持っていると、フレームが膨張して、実寸法より小さく読み取れることがある。

5　下図は、ヒストグラムの一例である。

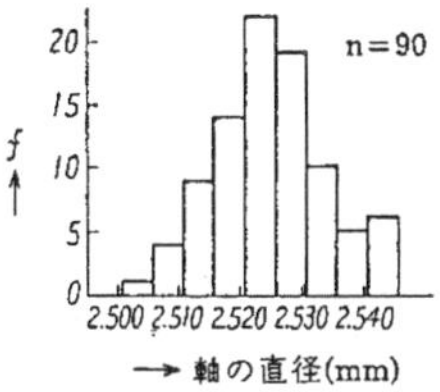

6　ボルトの軸心が、締め付けられる物体に対して直角でない場合には、主として、座付きナットが使用される。

7　立て削り盤は、キー溝の加工はできない。

8　水溶性切削油剤は、一般に、水に希釈せず原液のまま使用する。

9　潤滑油に極圧添加剤を加えると、油膜が切れにくくなる。

10　金属の接合方法には、融接、圧接、ろう接がある。

11　鋼は、鋳鉄より振動を吸収しやすい。

12　熱処理における表面硬化法のうち、最もひずみの発生が大きいものは、窒化法である。

13　無電解めっきとは、溶液中での還元反応を利用して品物の表面にめっき金属を析出させ、金属から非金属に至るまで広くめっきできる処理をいう。

14　ふっ素ゴムは、高温用の耐油性ゴムとして使用される。

［A群(真偽法)］

15　ブリネル硬さ試験法は、正四角すいのダイヤモンド圧子を押し付けて、その対角線の長さで材料の硬さを求める試験法である。

16　一定の荷重又は応力のもとで時間の経過とともに材料の変形が増加する現象のことをクリープという。

17　アンロード弁とは、外部パイロット圧力が所定の圧力に達すると、入口側からタンク側への自由流れを許す圧力制御弁をいう。

18　日本工業規格(JIS)によれば、下図の溶接記号は、すみ肉溶接を表している。

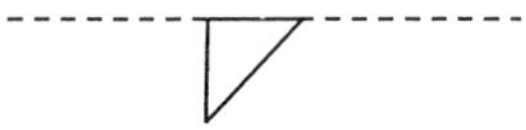

19　交流負荷から発生するノイズ対策には、ダイオードを用いるのがよい。

20　卓上用グラインダのワークレストは、といしの中心より高く取り付けておくのがよい。

21　スプリングバックは、成形時の弾性変形が回復することによって発生する。

22　日本工業規格(JIS)によれば、ブロックゲージの精度の等級は、K級、0級、1級、2級及び3級の5等級に分かれている。

23　一般に、放電加工で底付き穴を加工する場合は、ワイヤ放電加工機を使用する。

24　順送り型の切欠き送りにおいて、送りピッチに誤差が生ずる原因の一つとして、ダイ寸法の不良がある。

25　打ち抜かれたブランクをV曲げする場合、角部の割れを防ぐためには、かえり側を外側にするのがよい。

［Ｂ群(多肢択一法)］

1　ラップ作業に用いるラップ液に関する記述として、誤っているものはどれか。
　イ　鋳鉄には、油性又は水溶性のどちらでも使える。
　ロ　SUS304には、油性を使用するとよい。
　ハ　超硬合金には、アルコールを使うとよい。
　ニ　黄銅には、油性又は水溶性のどちらでも使える。

2　けがき作業用塗料に関する記述として、正しいものはどれか。
　イ　ご粉は、仕上げ用塗料である。
　ロ　ご粉は、できるだけ厚く塗るとよい。
　ハ　青竹には、ワニスとアルコールを混ぜるとよい。
　ニ　青竹は、黒皮部分をけがく場合に使用する。

3　切削及び研削に関する記述として、誤っているものはどれか。
　イ　ドリルは、ドリルのねじれ角が小さいと刃先が弱くなり、欠けやすくなる。
　ロ　研削といしの組織とは、といしの全体積に対すると粒の占める割合のことである。
　ハ　バイトのすくい角を大きくとれば、切れ味は良くなるが刃先は弱くなる。
　ニ　側フライスは、主として側面及び溝削り用として用いられる。

4　測定器具に関する記述として、誤っているものはどれか。
　イ　シリンダゲージは、外径用の測定器である。
　ロ　オプチカルフラットは、比較的狭い部分の平面度測定に使われる。
　ハ　サインバーは、ブロックゲージを併用して、角度測定に使われる。
　ニ　水準器は、気泡管を用いて、水平面からの微小な傾斜を求める測定器である。

5　品質管理に関する記述のうち、誤っているものはどれか。
　イ　良い品質とは、使用目的や要求精度を満足し経済的に生産できる品質のことである。
　ロ　品質管理サイクルとは、受注、設計、製造及び販売の4ステップを回すことである。
　ハ　品質管理の七つ道具とは、パレート図、特性要因図、グラフ、チェックシート、管理図、ヒストグラム及び散布図のことである。
　ニ　製造工程が安定しているとは、作られる製品の特性値のばらつきの幅が小さいことである。

6　たけのこばねに関する記述として、正しいものはどれか。
　イ　一般に引張り荷重を受けるところに使用する。
　ロ　一般に曲げ荷重を受けるところに使用する。
　ハ　一般にねじり荷重を受けるところに使用する。
　ニ　一般に圧縮荷重を受けるところに使用する。

[B群(多肢択一法)]

7　放電加工の特徴に関する記述として、誤っているものはどれか。

イ　超硬合金や焼入れ鋼でも、硬さに関係なく加工することができる。

ロ　複雑な形状の形彫りや貫通加工ができる。

ハ　テーパ穴の加工ができる。

ニ　薄板の精密加工には適していない。

8　次のうち、精密ねじ切り作業に使用する切削油剤として、最も適しているものはどれか。

イ　防錆性能の高い不水溶性切削油剤

ロ　潤滑性能の高い不水溶性切削油剤

ハ　冷却性能の高い水溶性切削油剤

ニ　洗浄性能の高い水溶性切削油剤

9　グリース潤滑に関する記述として、誤っているものはどれか。

イ　摩擦熱によりその一部が溶けて液体の状態で潤滑する。

ロ　放熱性、冷却性がよいので、温度上昇が小さい。

ハ　密封性がよく、長期間にわたり潤滑性能が維持できる。

ニ　ちょう度番号が小さいほど、軟質である。

10　接合法に関する記述として、誤っているものはどれか。

イ　アーク溶接は、融接である。

ロ　はんだ付けは、ろう接である。

ハ　電子ビーム溶接は、融接である。

ニ　電気抵抗溶接は、融接である。

11　鋼材に関する記述として、誤っているものはどれか。

イ　合金工具鋼は、帯のこ、丸のこなどの刃物に使用される。

ロ　ステンレス鋼は、耐熱鋼として使用できない。

ハ　高速度工具鋼は、旋盤で用いるバイトなどに使用される。

ニ　高炭素クロム鋼は、軸受鋼材に使用される。

12　銅の機械的性質に関する記述として、正しいものはどれか。

イ　亜鉛より延性が小さい。

ロ　アルミニウムより延性が大きい。

ハ　金より展性が大きい。

ニ　銀より展性が大きい。

［B群(多肢択一法)］

13　機械構造用炭素鋼鋼材S45Cを加熱してオーステナイト領域の温度から水などにより急冷した場合、生成される金属組織はどれか。

イ　セメンタイト
ロ　フェライト
ハ　パーライト
ニ　マルテンサイト

14　鉄鋼材料の表面にPVD・CVD(コーティング処理)を行う目的として、誤っているものはどれか。

イ　耐摩耗性を向上させる。
ロ　耐食性を向上させる。
ハ　経年変化を抑える。
ニ　耐熱性を向上させる。

15　日本工業規格(JIS)によれば、炭素鋼の火花試験において、炭素量が増えたときの一般的な火花特性として、誤っているものはどれか。

イ　流線の数は増える。
ロ　流線の長さは短くなる。
ハ　破裂の数は少なくなる。
ニ　流線の太さは細くなる。

16　軟鋼における応力－ひずみ線図の各点を示す用語の組合せとして、正しいものはどれか。

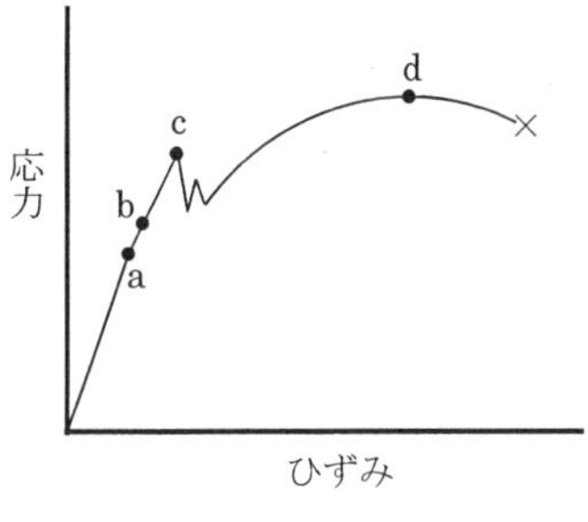

	a	b	c	d
イ	比例限度	弾性限度	極限強さ	上降伏点
ロ	比例限度	弾性限度	上降伏点	極限強さ
ハ	弾性限度	比例限度	上降伏点	極限強さ
ニ	弾性限度	上降伏点	比例限度	極限強さ

[B群(多肢択一法)]

17 油圧シリンダのピストンの動きが不安定になる原因として、適切でないものはどれか。

イ シリンダからの油漏れがある。

ロ 作動油タンクの容量が大きすぎる。

ハ シリンダの取付け状態に不具合がある。

ニ シリンダ内に空気がたまっている。

18 日本工業規格(JIS)によれば、歯車製図において歯車の基準円の図示方法として、正しいものはどれか。

イ 細い実線

ロ 細い一点鎖線

ハ 細い破線

ニ 細い二点鎖線

19 電気に関する記述として、正しいものはどれか。

イ 電流を電流計で計るときは、回路に並列に接続する。

ロ 半導体とは、導体と絶縁体の中間の性質を持っているもので、亜鉛、すず等がある。

ハ 一般に、電気抵抗は、導体の長さに正比例し、導体の断面積に反比例する。

ニ 電気設備に関する技術基準を定める省令によれば、交流500Vの電圧は「高圧」に区分される。

20 文中の(　　)内に入る数値として、正しいものはどれか。

「労働安全衛生関係法令によれば、労働者が常時就業する場所で、精密な作業をするときの作業面の照度は、原則として(　　)ルクス以上と定められている。」

イ 100

ロ 300

ハ 800

ニ 1000

21 ランナレス金型の種類として、適切でないものはどれか。

イ インシュレーテッドランナ方式(断熱ランナ)

ロ 延長ノズル方式(エクステンションノズル)

ハ ホットランナ方式(加熱ランナ)

ニ コールドマニホールド方式(コールドランナ)

[B群(多肢択一法)]

22　リーマ加工に関する記述として、誤っているものはどれか。

イ　一般に、ストレート刃は、スパイラル刃よりも仕上げ面粗さが良好である。

ロ　加工の際、切削温度を下げるために切削油を使用する。

ハ　リーマで仕上げた穴径は、リーマ径よりも若干大きくなる。

ニ　下穴が曲がっていると、穴の曲がりや倒れが生じることがある。

23　V曲げ加工でスプリングバック量が大きくなる原因に関する記述として、誤っているものはどれか。

イ　板厚に対する曲げ半径(R/t)が小さい。

ロ　材料の弾性限度が高い。

ハ　V字型自由曲げによる加工。

ニ　加圧力が小さい。

24　平面形体を幾何学的平行二平面で挟んだとき、平行二平面の間隔が最小となる場合の二平面の間隔を表す幾何偏差の種類はどれか。

イ　平行度

ロ　平面度

ハ　傾斜度

ニ　位置度

25　ジグの取扱いに関する記述として、誤っているものはどれか。

イ　切りくずが基準面に付着しないように注意する。

ロ　ボルト締めのジグでは、締めるボルトの順序は、考慮しなくてよい。

ハ　基準面に傷が付かないように注意する。

ニ　締付け箇所は、均一にしっかりと締める。

平成31年度 技能検定

2級 仕上げ 学科試験問題

(機械組立仕上げ作業)

1. 試験時間　1時間40分
2. 問題数　50題(A群25題、B群25題)
3. 注意事項

(1) 係員の指示があるまで、この表紙はあけないでください。

(2) 答案用紙(真偽法と多肢択一法の併用)に検定職種名、作業名、級別、受検番号、氏名を必ず記入してください。

(3) 係員の指示に従って、問題数を確かめてください。それらに異常がある場合は、黙って手を挙げてください。問題はA群(真偽法)とB群(多肢択一法)とに分かれています。

(4) 試験開始の合図で始めてください。

(5) 解答の方法(真偽法と多肢択一法の併用)は次のとおりです。

イ. A群の問題(真偽法)は、一つ一つの問題の内容が正しいか、誤っているかを判断して解答してください。

ロ. B群の問題(多肢択一法)は、正解と思うものを一つだけ選んで、解答してください。二つ以上に解答した場合は誤答となります。

ハ. 答案用紙(マークシート用紙)へ解答する際は、答案用紙に記載されている注意事項に従ってください。

ニ. 答案用紙の解答欄は、A群の問題とB群の問題とでは異なります。所定の解答欄に、試験問題の題数に応じて解答してください。解答欄はA群は50題まで、B群は25題まで解答できるようになっています。

(6) 電子式卓上計算機その他これと同等の機能を有するものは、使用してはいけません。

(7) 携帯電話等は、使用してはいけません。

(8) 試験中、質問があるときは、黙って手を挙げてください。ただし、試験問題の内容、漢字の読み方等に関する質問にはお答えできません。

(9) 試験終了時刻前に解答ができあがった場合は、黙って手を挙げて、係員の指示に従ってください。

(10) 試験中に手洗いに立ちたいときは、黙って手を挙げて、係員の指示に従ってください。

(11) 試験終了の合図があったら、筆記用具を置き、係員の指示に従ってください。

［A群(真偽法)］

1　5本組の組やすりの断面形状の組合せは、平形、丸形、半丸形、シノギ形及び角形である。

2　ハイトゲージでけがきを行う場合、ハイトゲージのスクライバを、線を引く方向に対して直角にあて、滑らすように引くとよい。

3　ガンドリルは、深穴の穴あけに使用される。

4　器差が+0.02mmのマイクロメータで測定を行ったとき、読みが160.00mmであった。実寸法は160.02mmである。

5　標準偏差は、ばらつきの大きさを定量的に表したものである。

6　平行ねじとは、ねじ山が円筒の外面又は内面にあるねじをいう。

7　平フライス切削において、下向き削りには、バックラッシ除去装置が有効である。

8　水溶性切削油剤は、不水溶性切削油剤よりも冷却能力が高い。

9　強制給油方式は、リング給油方式よりも冷却効果が劣っている。

10　厚板溶接は、一般に、スポット溶接(点溶接)が適している。

11　機械構造用炭素鋼は、ステンレス鋼(SUS304)より加工硬化しやすい。

12　調質とは、鋼に完全焼きなましを行うことである。

13　黒染処理は、化成処理の一つである。

14　日本工業規格(JIS)によれば、Oリングの用途別種類には、ISO一般工業用、ISO精密機器用、運動用、固定用、真空フランジ用の5種類が規定されている。

15　アイゾット試験は、衝撃試験である。

16　下図のように、2点で支えられた梁の中央に力Fがかかる場合の応力は、断面の形状が異なっても、断面積が等しければ同じである。

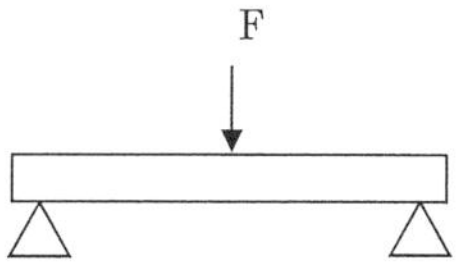

[A群(真偽法)]

17　ベーンポンプは、歯車の回転によって油を吐出させる構造のポンプである。

18　下図は、A面を基準として平行度の許容値が0.1mmであることを示す。

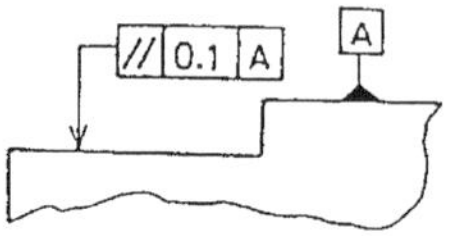

19　整流器は、交流を直流に変換することができる電気機器である。

20　労働安全衛生規則において、精密な作業の照度は、500ルクス以上と規定されている。

21　精密機械を組み立てる場合、直射日光の当たる場所での作業は避けたほうがよい。

22　位置決め用ノックピンは、テーパピンよりもストレートピンのほうが再現性が高い。

23　定盤と工作物のすり合わせでは、光明丹をなるべく厚く塗り、定盤に工作物を強く押しつけて、直線的にすり合わせるほうがよい。

24　動的つり合い試験は、重心の偏心を測定できる。

25　一般に、ジグを取り付ける場合には、ねじによる締付けのほうが、カムによる締付けより振動でゆるみにくい。

[B群(多肢択一法)]

1　はつり作業に関する記述として、誤っているものはどれか。

イ　硬い材料をはつるときは、たがねの刃先を時々、油か水に浸けて刃先の硬さが低下しないように冷却する。

ロ　たがねの刃先が欠けるのは、刃先の角度が小さい、刃先の硬さが硬過ぎる等の理由が考えられる。

ハ　ハンマ振りでは、視線はたがねの頭に向ける。

ニ　はつりの終わり際では、軽く打つようにし、切りくずや切断片を遠くへ飛ばさないように注意する。

2　けがきに関する記述として、誤っているものはどれか。

イ　定盤の種類は、材料によって区分され、形状及び使用面の呼び寸法で分類されている。

ロ　定盤の等級は、使用面の平面度によって区別されている。

ハ　けがき用塗料は、厚く塗るとよい。

ニ　けがき線と捨てけがき線を区別するために、けがき線のほうにポンチを打つ。

3　切削工具に関する記述として、誤っているものはどれか。

イ　バイトは、旋盤、形削り盤、平削り盤等に取り付けて使用される切削工具である。

ロ　フライスは、平面、曲面、溝、歯形等の加工をする回転切削工具である。

ハ　金切りのこは、主として、金属材料の切断に用いる切削工具である。

ニ　スターティングドリルは、あらかじめあけられた穴を正確に仕上げるときに用いる切削工具である。

4　測定器に関する記述として、誤っているものはどれか。

イ　マイクロメータは、直接測定器である。

ロ　水準器は、角度測定器である。

ハ　ハイトゲージは、比較測定器である。

ニ　デプスゲージは、直接測定器である。

5　QC7つ道具に含まれないものはどれか。

イ　FT図

ロ　パレート図

ハ　散布図

ニ　ヒストグラム

［B群(多肢択一法)］

6　機械の主要構成要素に関する記述のうち、誤っているものはどれか。

イ　ねじのねじれ角とリード角の和は、90°である。

ロ　管用平行ねじのピッチは、25.4mm(1インチ)についての山数で表される。

ハ　Oリングは用途別によって区別され、「P」が運動用、「G」が固定用である。

ニ　円筒ころ軸受と玉軸受を比べた場合、一般に、円筒ころ軸受のほうが高速回転に適している。

7　テーブルをラムの運動と直線方向に間欠的に送り、往復運動するラムに取付けたバイトを使用して、工作物の平面及び溝削りを行う工作機械はどれか。

イ　フライス盤

ロ　プラノミラー

ハ　形削り盤

ニ　マシニングセンタ

8　次の切削油剤のうち、脂肪油(動植物油)はどれか。

イ　軽油

ロ　ひまし油

ハ　マシン油

ニ　ダイナモ油

9　グリース潤滑に関する記述として、誤っているものはどれか。

イ　放熱性、冷却能力が悪いので、油潤滑と比較して温度上昇が大きい。

ロ　密封性が良く、給油回数も少なくてよい。

ハ　グリースのちょう度は、ちょう度計に取り付けた円すいを、つぼに満たした試料に落下させ、5秒間進入した深さを読み取って求める。

ニ　一般に、高速回転、高荷重になるほど、ちょう度の高いグリースを用いる。

10　非溶極式のイナートガスアーク溶接で、タングステン又はタングステン合金を電極とする溶接はどれか。

イ　ミグ溶接

ロ　マグ溶接

ハ　ティグ溶接

ニ　サブマージアーク溶接

11　比重が、大きい順に正しく並んでいるものはどれか。

イ　銅(Cu) ＞ 鉛(Pb) ＞ 鉄(Fe)

ロ　鉛(Pb) ＞ 銅(Cu) ＞ 鉄(Fe)

ハ　鉄(Fe) ＞ 鉛(Pb) ＞ 銅(Cu)

ニ　銅(Cu) ＞ 鉄(Fe) ＞ 鉛(Pb)

［B群(多肢択一法)］

12　文中の(　　)内に当てはまる語句として、正しいものはどれか。
機械構造用炭素鋼鋼材S45Cの焼入れによって得られる結晶組織は、主として(　　)である。

イ　マルテンサイト
ロ　オーステナイト
ハ　パーライト
ニ　セメンタイト

13　耐食性が必要な鋼板に施され、生産現場で「どぶづけめっき」とも呼ばれるめっき法はどれか。

イ　電気めっき
ロ　溶融めっき
ハ　化学めっき
ニ　気相めっき

14　日本工業規格(JIS)におけるOリング用基本材料として、誤っているものはどれか。

イ　ニトリルゴム
ロ　ふっ素ゴム
ハ　シリコーンゴム
ニ　ポリウレタンゴム

15　非破壊検査法でない金属の検査方法はどれか。

イ　磁気探傷法
ロ　超音波探傷法
ハ　放射線透過法
ニ　クリープ試験法

16　文中の(　　)内に当てはまる語句として、適切なものはどれか。
荷重が引張になったり、圧縮になったりするような荷重の掛かり方を(　　)という。

イ　静荷重
ロ　片振り荷重
ハ　交番荷重
ニ　衝撃荷重

17　油圧制御弁の制御要素として、誤っているものはどれか。

イ　温度
ロ　方向
ハ　圧力
ニ　流量

[B群(多肢択一法)]

18　日本工業規格(JIS)によれば、除去加工をしない場合の図示記号として、正しいものはどれか。

イ　　ロ　　ハ　　ニ

19　電力(W)を表している式として、正しいものはどれか。
ただし、直流電圧をV、電流をA及び抵抗をRとする。

イ　W=V×V×A
ロ　W=V×R
ハ　W=V×A
ニ　W=V×V×R

20　労働安全衛生関係法令に定める研削作業に関する記述として、誤っているものはどれか。

イ　研削といしは、その日の作業を開始する前に1分間以上試運転をしなければならない。
ロ　研削といしを取り替えたときは、3分間以上試運転をしなければならない。
ハ　その日の作業を開始する前の試運転は、特別教育修了者でなければ行ってはならない。
ニ　研削といしを取り替えたときの試運転は、特別教育修了者でなければ行ってはならない。

21　高精度を要する機械を据え付ける場合の記述として、誤っているものはどれか。

イ　据付けでは、基礎ボルトを施す場合でも、レベリングブロックを使用するとよい。
ロ　10℃に保たれた恒温室に設置するのが好ましい。
ハ　外部から伝わる振動の少ない場所に設置する。
ニ　湿度の低い場所に設置する。

22　機械の組立て前に準備できないものはどれか。

イ　組立部品の数量及び精度チェック
ロ　静的精度検査要領
ハ　計測機器
ニ　動的精度検査データ

［B群(多肢択一法)］

23　ピンに関する記述として、誤っているものはどれか。
　イ　平行ピンの打込み穴は、リーマ加工等で仕上げる。
　ロ　一般に、スプリングピンのピン穴は、ドリル加工でよいが、通し穴にするとよい。
　ハ　テーパピンのテーパは1/50である。
　ニ　割ピンは、止め輪とも呼ばれている。

24　組立て・調整作業における回転体の試運転の方法として、正しいものはどれか。
　イ　高速運転から低速運転に移る。
　ロ　低速運転から高速運転に移る。
　ハ　始めから定格運転で行う。
　ニ　低速運転のみで行う。

25　ジグが具備すべき条件として、誤っているものはどれか。
　イ　構造が簡単で、工作物の取付けが容易であること。
　ロ　製品加工精度に関係なく、ジグ精度は一定であること。
　ハ　軽量で取扱いが楽なこと、また、剛性があること。
　ニ　切りくずの逃げがよく、掃除しやすい構造であること。

平成30年度 技能検定

2級 仕上げ 学科試験問題

(機械組立仕上げ作業)

1. 試験時間　1時間40分
2. 問題数　50題(A群25題、B群25題)
3. 注意事項

(1) 係員の指示があるまで、この表紙はあけないでください。

(2) 答案用紙(真偽法と多肢択一法の併用)に検定職種名、作業名、級別、受検番号、氏名を必ず記入してください。

(3) 係員の指示に従って、問題数を確かめてください。それらに異常がある場合は、黙って手を挙げてください。問題はA群(真偽法)とB群(多肢択一法)とに分かれています。

(4) 試験開始の合図で始めてください。

(5) 解答の方法(真偽法と多肢択一法の併用)は次のとおりです。

イ. A群の問題(真偽法)は、一つ一つの問題の内容が正しいか、誤っているかを判断して解答してください。

ロ. B群の問題(多肢択一法)は、正解と思うものを一つだけ選んで、解答してください。二つ以上に解答した場合は誤答となります。

ハ. 答案用紙(マークシート用紙)へ解答する際は、答案用紙に記載されている注意事項に従ってください。

ニ. 答案用紙の解答欄は、A群の問題とB群の問題とでは異なります。所定の解答欄に、試験問題の題数に応じて解答してください。解答欄はA群は50題まで、B群は25題まで解答できるようになっています。

(6) 電子式卓上計算機その他これと同等の機能を有するものは、使用してはいけません。

(7) 携帯電話等は、使用してはいけません。

(8) 試験中、質問があるときは、黙って手を挙げてください。ただし、試験問題の内容、漢字の読み方等に関する質問にはお答えできません。

(9) 試験終了時刻前に解答ができあがった場合は、黙って手を挙げて、係員の指示に従ってください。

(10) 試験中に手洗いに立ちたいときは、黙って手を挙げて、係員の指示に従ってください。

(11) 試験終了の合図があったら、筆記用具を置き、係員の指示に従ってください。

[A群(真偽法)]

1　すり合わせ作業で、加工面の高いところに基準定盤の光明丹が付着したあたりを、赤あたりという。

2　トースカンは、定盤上の工作物の平行平面の確認や軸心の点検にも使用することができる。

3　下図のドリルは、左ねじれドリルである。

4　オプチカルフラットは、平面度を測定するのに用いられる。

5　抜取検査で合格となったロットの中の製品は、すべて良品である。

6　ピッチ円直径175mm、歯数50枚の標準平歯車のモジュールは、3である。

7　貫通穴のドリル加工において、ドリルの抜け際は、送り速度を速くするほうがよい。

8　切削油剤を大別すると、潤滑作用を目的とした不水溶性切削油剤と冷却作用を目的とした水溶性切削油剤に分けられる。

9　滴下注油では、一般に荷重のかかるところに給油穴を設けるべきではない。

10　アーク溶接は、レーザ溶接に比べ、溶接による熱変形が少ない。

11　チタンの比重は、アルミニウムの比重より大きい。

12　青熱ぜい性とは、約200～300℃のときの炭素鋼が常温のときよりも、もろくなる性質をいう。

13　高温加熱、スパッタリングなどの物理的方法で物質を蒸発し、基板に凝縮させ、薄膜を形成する方法の略称を、PVDという。

14　配管用フランジ等の静止部分の密封に使用するシールの総称を、ガスケットという。

15　ビッカース硬さ試験方法は、ダイヤモンド四角すい圧子を用いて測定する。

[A群(真偽法)]

16　断面積200cm^2の丸棒に、5880Nのせん断荷重が加わった場合のせん断応力は、0.294MPaである。

17　次の記号は、いずれも方向制御弁である。

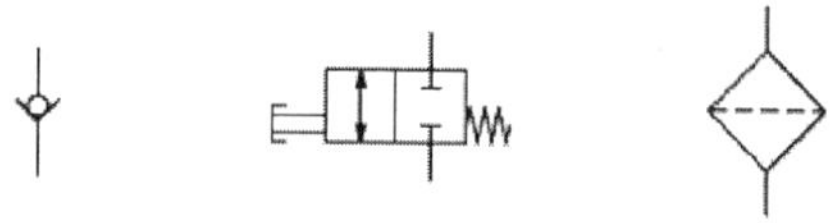

(a)　(b)　(c)

18　図1に示すような溶接を表す溶接記号は図Cである。

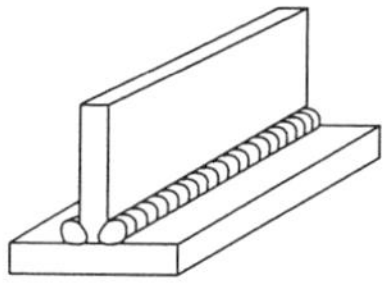

図1

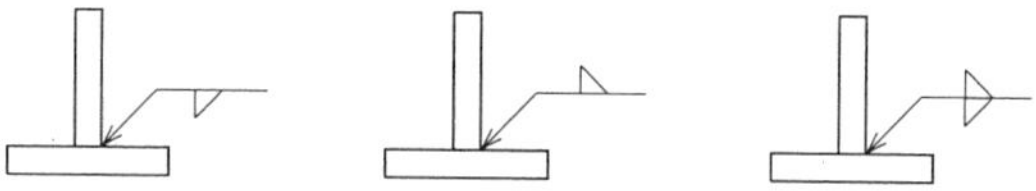

図A　図B　図C

19　50Hzの工場で使用していた誘導電動機を60Hzで使用すると、回転数は低くなる。

20　有機溶剤中毒予防規則に基づく局所排気装置については、2年以内ごとに1回、定期に、自主検査を行わなければならない。

21　Oリングの入る溝深さは、Oリングが弾性変形を起こさないように、Oリングの太さよりも深くするとよい。

22　両口スパナ10×12は、M10及びM12の六角ボルト用のスパナである。

23　日本工業規格(JIS)によると、十字ねじ回しの呼び番号の1番と4番では、1番のほうが大きい十字穴に用いられる。

24　日本工業規格(JIS)の圧力容器の構造によれば、設計圧力30MPa未満の圧力容器の水圧試験における耐圧試験圧力は、最高許容圧力の5倍の圧力である。

25　日本工業規格(JIS)によると、固定ブシュの形状は、つばなしとつば付きの2種類が規定されている。

［B群(多肢択一法)］

1　はつり作業における平たがねの持ち方として、正しいものはどれか。

イ　刃先近くを軽く握るのがよい。
ロ　頭部近くを強くしっかり握るのがよい。
ハ　頭部近くを軽く握るのがよい。
ニ　刃先近くを強くしっかり握るのがよい。

2　けがきに関する記述として、誤っているものはどれか。

イ　精密なけがき作業では、ハイトゲージを使うことが多い。
ロ　けがき線と捨てけがき線を区別するために、けがき線のほうにポンチを打つ。
ハ　けがき用塗料は、厚く塗るほうがよい。
ニ　鋳造等の仕上げ面を持たないもののけがきは、一般に3点で支持して行う。

3　ドリルに関する記述として、誤っているものはどれか。

イ　標準的なドリルの先端角度は、118°である。
ロ　テーパシャンクドリルのテーパは、一般に、ナショナルテーパである。
ハ　シンニングとは、切削抵抗を少なくするために心厚を薄くした部分である。
ニ　深穴加工では、切りくずの切断を図り、切りくず詰まりを防ぐためにも、ステップ送りを行うとよい。

4　下図の内側マイクロメータの読みとして、正しいものはどれか。

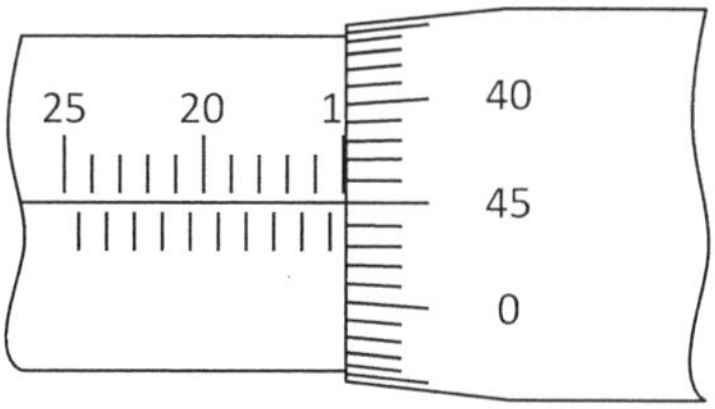

イ　14.95mm
ロ　15.45mm
ハ　15.95mm
ニ　24.95mm

5　品質管理に関する記述のうち、誤っているものはどれか。

イ　パレート図は、改善の目標設定に役立つ。
ロ　度数分布図は、種々の要因と特性との間の関係を表すのに役立つ。
ハ　特性要因図は、最終品質に影響を与える問題点を把握するのに役立つ。
ニ　管理図は、製造工程が安定した状態にあるかどうかを調べるのに役立つ。

[Ｂ群(多肢択一法)]

6　ウォームギヤに関する記述として、正しいものはどれか。

イ　一般的に、ウォームギヤは低速を高速にするとき(増速)に使用する。

ロ　ウォームからウォームホイールへの伝動はできない。

ハ　ウォームホイールの回転数はウォームのねじ条数に反比例する。

ニ　一般的に、ウォームギヤは二軸が直角な場合の減速機構である。

7　フライス盤に関する記述として、誤っているものはどれか。

イ　ベッド形フライス盤は、切り込み運動をコラム又は主軸頭で行う。

ロ　生産フライス盤は、ひざ形フライス盤のことである。

ハ　ロータリテーブル形フライス盤は、テーブルの回転運動により切削送りを与えるものである。

ニ　万能フライス盤は、テーブル又は主軸頭の取り付け角度を変えることができる。

8　汎用工作機械における切削油剤の働きに関する記述として、適切でないものはどれか。

イ　切りくずを適当な小片に破断させる。

ロ　工作物の仕上げ面粗さを向上させる。

ハ　工具の寿命を延長させる。

ニ　工作物の寸法精度を向上させる。

9　潤滑油の噴霧給油方式に関する記述として、誤っているものはどれか。

イ　油の攪拌《かくはん》がなく、温度上昇が小さい。

ロ　油浴方式より冷却作用が大きい。

ハ　内部圧力を高く保つことで、ごみの侵入が防げる。

ニ　水分や固形物の侵入の多い所に適している。

10　一般に、厚板どうしの溶接に適しているものはどれか。

イ　シーム溶接

ロ　スポット溶接

ハ　ガス溶接

ニ　アーク溶接

11　金属材料の性質に関する記述として、誤っているものはどれか。

イ　材料の引張荷重に対する抵抗力の大きさを引張強さという。

ロ　材料を押し縮めようとする力に対する抵抗力の大きさを圧縮強さという。

ハ　材料のねばり強さを示す性質をぜい性という。

ニ　材料の切削しやすさを示す性質を被削性という。

［B群(多肢択一法)］

12　熱処理に関する一般的注意事項として、誤っているものはどれか。

イ　材料を加熱するときは、徐々に、かつ、均等に行うようにする。

ロ　再焼入れをする場合は、焼なましを行う。

ハ　冷却を伴う熱処理において、厚さの異なる材料では、断面の小さい部分から先に冷やす。

ニ　焼入れ後は、焼戻しを行うことでじん性を持たせる。

13　めっきの種類の中で、一般に、機械部品の防食めっきとして使われないものはどれか。

イ　亜鉛めっき

ロ　ニッケルめっき

ハ　クロムめっき

ニ　金めっき

14　パッキン用材料に関する記述として、正しいものはどれか。

イ　パッキン構成素材として、非鉄金属は使用されない。

ロ　一般に、金属は硬質材であるから、パッキン材料としては使用されない。

ハ　一般に、天然ゴム製のパッキンは、合成ゴム製のものよりも耐油性が優れている。

ニ　ふっ素ゴム(FKM)は、ガソリンや軽油など、耐燃料性に優れている。

15　下図のような段付棒(d_1：d_2＝1：2)に引張荷重Fが作用した場合、d_1に生ずる応力σ_1とd_2に生ずる応力σ_2の比を正しく表しているものはどれか。

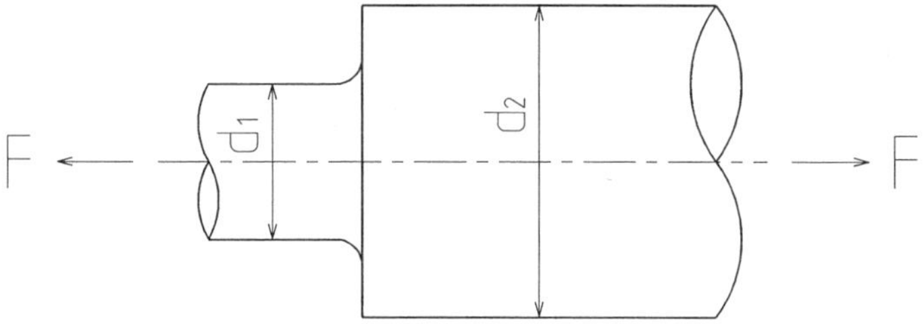

イ　$\sigma_1 : \sigma_2 = 2 : 1$

ロ　$\sigma_1 : \sigma_2 = 3 : 1$

ハ　$\sigma_1 : \sigma_2 = 4 : 1$

ニ　$\sigma_1 : \sigma_2 = 5 : 1$

16　次の記述のうち、誤っているものはどれか。

イ　引張応力と圧縮応力は、荷重の方向が違う。

ロ　切欠き部には応力が集中する。

ハ　弾性係数は応力とひずみの比である。

ニ　降伏応力は材料が破断する時の応力である。

[B群(多肢択一法)]

17　二つ以上の油圧回路の間に設けて、その操作の順序と回路の圧力を制御するときに用いる制御弁として、正しいものはどれか。

　イ　減圧弁
　ロ　シーケンス弁
　ハ　シャトル弁
　ニ　切換弁

18　機械製図における寸法補助記号の SR に関する記述として、正しいものはどれか。

　イ　円弧の半径
　ロ　円弧の長さ
　ハ　球の半径
　ニ　弦の長さ

19　次の材料のうち、導体でないものはどれか。

　イ　鉛
　ロ　ニッケル
　ハ　黒鉛
　ニ　ガラス

20　文中の(　　)内に当てはまる数値として、正しいものはどれか。

労働安全衛生関係法令において、機械間又はこれと他の設備との間に設ける通路の幅は、(　　)cm以上と定められている。

　イ　70
　ロ　80
　ハ　100
　ニ　120

21　ギヤプーラの使用目的として、正しいものはどれか。

　イ　ギブの取り外し
　ロ　歯車の組み込み
　ハ　ブシュの圧入
　ニ　ベアリング、プーリの取り外し

22　ボールねじの取り付けに関する記述として、誤っているものはどれか。

　イ　ボールねじを機械に取り付ける場合、ナットは、ねじ軸から外し固定する。
　ロ　ボールねじのねじ軸やナットに、無理に部品を打ち込んではならない。
　ハ　ねじ軸の支持部とナット部に心ずれがあると、回転トルクが大きくなる。
　ニ　ナットにラジアル荷重や曲げモーメントが作用する構造であると、ボールねじの寿命低下や作動不良を起こす。

［B群(多肢択一法)］

23　次のうち、日本工業規格(JIS)において、回転機器の釣合いとして、最も精度の良いものはどれか。

イ　G1
ロ　G2.5
ハ　G6.3
ニ　G16

24　日本工業規格(JIS)において、工作機械の振動測定の項目として、誤っているものはどれか。

イ　振動の振幅
ロ　振動数
ハ　テーブルの加速度
ニ　伝達関数

25　ジグの備えるべき条件に関する記述として、誤っているものはどれか。

イ　締付箇所が少なく、確実に締め付けられること。
ロ　ジグの寸法精度は、製品の寸法精度と同じにする。
ハ　切りくずの逃げがよいこと。
ニ　締付力によって、ジグや工作物が変形しないこと。

平成29年度 技能検定

2級 仕上げ 学科試験問題

(機械組立仕上げ作業)

1. 試験時間　1時間40分
2. 問題数　50題(A群25題、B群25題)
3. 注意事項

(1)　係員の指示があるまで、この表紙はあけないでください。

(2)　答案用紙(真偽法と多肢択一法の併用)に検定職種名、作業名、級別、受検番号、氏名を必ず記入してください。

(3)　係員の指示に従って、問題数を確かめてください。それらに異常がある場合は、黙って手を挙げてください。問題はA群(真偽法)とB群(多肢択一法)とに分かれています。

(4)　試験開始の合図で始めてください。

(5)　解答の方法(真偽法と多肢択一法の併用)は次のとおりです。

イ.　A群の問題(真偽法)は、一つ一つの問題の内容が正しいか、誤っているかを判断して解答してください。

ロ.　B群の問題(多肢択一法)は、正解と思うものを一つだけ選んで、解答してください。二つ以上に解答した場合は誤答となります。

ハ.　答案用紙(マークシート用紙)へ解答する際は、答案用紙に記載されている注意事項に従ってください。

ニ.　答案用紙の解答欄は、A群の問題とB群の問題とでは異なります。所定の解答欄に、試験問題の題数に応じて解答してください。解答欄はA群は50題まで、B群は25題まで解答できるようになっています。

(6)　電子式卓上計算機その他これと同等の機能を有するものは、使用してはいけません。

(7)　携帯電話等は、使用してはいけません。

(8)　試験中、質問があるときは、黙って手を挙げてください。ただし、試験問題の内容、漢字の読み方等に関する質問にはお答えできません。

(9)　試験終了時刻前に解答ができあがった場合は、黙って手を挙げて、係員の指示に従ってください。

(10)　試験中に手洗いに立ちたいときは、黙って手を挙げて、係員の指示に従ってください。

(11)　試験終了の合図があったら、筆記用具を置き、係員の指示に従ってください。

［A群(真偽法)］

1　やすり作業において、やすりにチョークを塗るのは、一般に、目詰まりを防ぐためである。

2　ハイトゲージでけがきを行う場合、ハイトゲージは、線を引く方向に対して、直角に滑らすように引くとよい。

3　ダイヤモンドバイトは、鉄鋼材料の切削に適している。

4　一般に、水準器のガラス管に封入する液体には、エーテルやアルコールが使用される。

5　管理図は、工程を安定な状態に保持するために使用される。

6　すべり軸受に使用する軸受用材料には、軸の材質より硬い材質のものを使用するのがよい。

7　平フライス切削において、下向き削りには、バックラッシ除去装置が有効である。

8　一般に、エマルジョンタイプの水溶性切削油剤は、水を加えて希釈すると外観が乳白色になる。

9　すべり軸受に用いる潤滑油は、一般に、軸に掛かる力が大きくなるにしたがって粘度の低い油を使用する。

10　シャーリングとは、鋼板の縁を折り曲げる作業のことである。

11　黄銅の主成分は、銅と亜鉛である。

12　日本工業規格(JIS)によれば、鉄鋼用語のシーズニングとは、鋳物の鋳造内部応力を除去するため、長年月放置する操作をいう。

13　溶融めっきとは、亜鉛及びすずに多く採用され、溶融金属中に製品を浸漬して表面に皮膜を作る方法で、一般に、電気めっきより薄い皮膜ができる。

14　金属は、パッキンの材料として用いられない。

15　アイゾット試験は、衝撃試験である。

16　鋼材の引張強さの単位は、mm^3 である。

17　一般に、アキュムレータの取付けは、衝撃発生源の近くが適している。

[A群(真偽法)]

18　日本工業規格(JIS)によれば、平削りの加工方法記号はLである。

19　整流器は、交流を直流に変換する電気機器である。

20　労働安全衛生関係法令によれば、研削といしの取替えの業務は特別教育を必要としない。

21　六角棒スパナの呼びは、二面幅の寸法で表す。

22　普通旋盤の組立ては、ベッドをすり合わせた後、往復台を取り付けるのがよい。

23　定盤と工作物のすり合わせでは、光明丹をなるべく厚く塗り、定盤に工作物を強く押しつけて、直線的にすり合わせるほうがよい。

24　日本工業規格(JIS)によれば、精密研削盤のといし軸に推奨される「釣合い良さの等級」は、G0.4である。

25　鋳物のように不連続な切りくずが出る場合、穴あけジグブシュと工作物の間は、すきまを持たせて切りくずが排出しやすいようにするとよい。

［B群(多肢択一法)］

1　はつり作業に関する記述として、誤っているものはどれか。

イ　硬い材料をはつるときは、たがねの刃先を時々、油か水に浸けて刃先の硬さが低下しないように冷却する。

ロ　たがねの刃先が欠けるのは、刃先の角度が小さい、刃先の硬さが硬過ぎる等の理由が考えられる。

ハ　ハンマ振りでは、視線はたがねの頭に向ける。

ニ　はつりの終わり際では、軽く打つようにし、切りくずや切断片を遠くへ飛ばさないように注意する。

2　やすりに関する記述として、誤っているものはどれか。

イ　単目やすりは、アルミニウム合金、鉛、すず等の加工に適している。

ロ　複目やすりは、鋼の加工に適している。

ハ　鬼目やすりは、木、皮革等の加工に適している。

ニ　波目やすりは、鋼の仕上げ加工に適している。

3　切削工具に関する記述として、誤っているものはどれか。

イ　エンドミルは、主として溝加工や狭い場所の平面や端面を加工するのに用いられる。

ロ　センタ穴ドリルは、工作物のセンタ穴のもみつけ用に使用される。

ハ　穴ぐりバイトは、内径を加工するバイトである。

ニ　ドリルには、右ねじれドリルはあるが左ねじれドリルはない。

4　図のAで目盛り線が一致しているデプスゲージの読みとして、正しいものは次のうちどれか。

イ　16.0mm

ロ　16.3mm

ハ　21.0mm

ニ　22.3mm

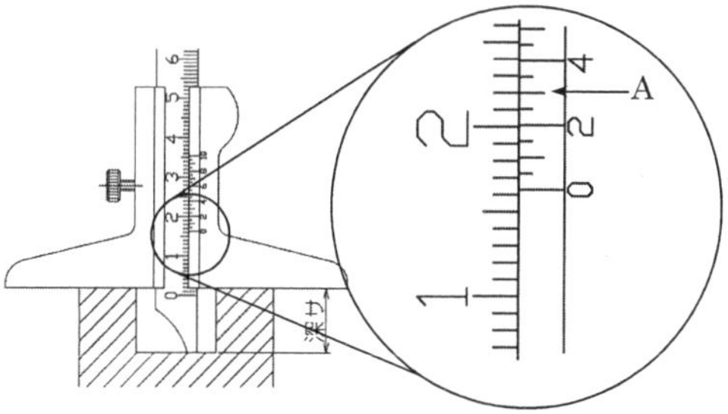

拡大図

5　QC7つ道具に含まれないものはどれか。

イ　FT図

ロ　パレート図

ハ　散布図

ニ　ヒストグラム

[B群(多肢択一法)]

6　ダブルナットの使用効果として、正しいものはどれか。
　イ　ねじのゆるみを防止する。
　ロ　2倍の力で締め付けることができる。
　ハ　気密性が向上する。
　ニ　直角以外の面の締め付けができる。

7　フライス盤に関する記述として、誤っているものはどれか。
　イ　テーブルを直接ベッドに載せ、切込み運動をコラム又は主軸頭で行う構造のフライス盤をベッド形フライス盤という。
　ロ　形板、模型又は実物に倣って、所要の形状を削り出すフライス盤を倣いフライス盤という。
　ハ　回転工具を用いて、主として文字、記号、模様などを彫刻するフライス盤を万能フライス盤という。
　ニ　コラムに沿って上下するニーの上にサドルを介して載せたテーブルが、前後、左右に運動する構造のフライス盤をひざ形フライス盤という。

8　切削油剤の働きとして、適切でないものはどれか。
　イ　潤滑作用
　ロ　破砕作用
　ハ　洗浄作用
　ニ　冷却作用

9　日本工業規格(JIS)によれば、ポンプを使用しない潤滑油の給油方式として、誤っているものはどれか。
　イ　油浴方式
　ロ　多系統方式
　ハ　滴下方式
　ニ　灯心方式

10　工作法に関する記述として、誤っているものはどれか。
　イ　レーザ加工法には、溶断や接合がある。
　ロ　アーク溶接は、熱変形が起きない。
　ハ　スポット溶接は、薄板溶接ができる。
　ニ　ガス溶接は、酸素とアセチレンガスを用いる。

11　文中の(　　)内に当てはまる数値として、適切なものはどれか。
機械構造用炭素鋼鋼材S45Cの炭素含有量は、約(　　)%である。
　イ　0.0045
　ロ　0.045
　ハ　0.45
　ニ　4.5

[B群(多肢択一法)]

12　鋼材の熱処理に関する記述のうち、誤っているものはどれか。
　イ　炭素鋼において、焼入れ後の焼戻しでは、硬さを求める場合には高温焼戻しを行う。
　ロ　鋳物の内部応力を除去する方法の一つに、応力除去焼きなましがある。
　ハ　表面硬化方法には、浸炭焼入れ、窒化、高周波焼入れ、炎焼入れ等がある。
　ニ　熱処理は、焼ならし、焼なまし、焼入れ及び焼戻しに大別できる。

13　金属表面に施す表面処理として、適切でないものはどれか。
　イ　電気めっき
　ロ　サブゼロ処理
　ハ　溶融めっき
　ニ　化成処理

14　日本工業規格(JIS)におけるOリング用基本材料として、誤っているものはどれか。
　イ　ニトリルゴム
　ロ　ふっ素ゴム
　ハ　シリコーンゴム
　ニ　ポリウレタンゴム

15　日本工業規格(JIS)によれば、試験片にダイヤモンド正四角すいを押しつけ、そのくぼみの表面積と試験荷重から求めて硬さを表す試験方法はどれか。
　イ　ショア硬さ試験
　ロ　ビッカース硬さ試験
　ハ　ロックウェル硬さ試験
　ニ　ブリネル硬さ試験

16　次の軟鋼の応力－ひずみ線図において、上降伏点を示す点はどれか。

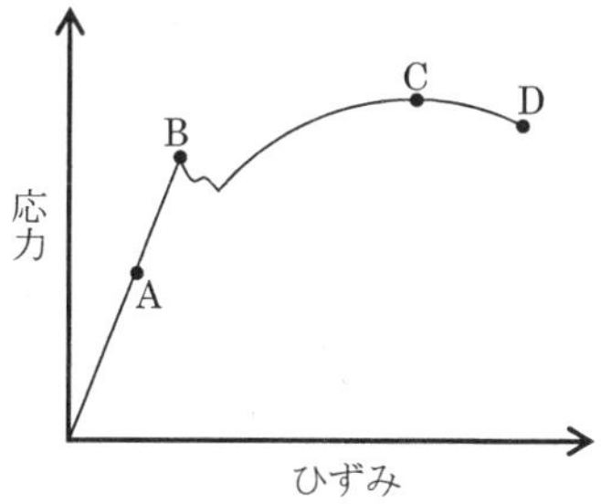

　イ　A点
　ロ　B点
　ハ　C点
　ニ　D点

[B群(多肢択一法)]

17　油圧回路に用いられる弁のうち、圧力制御弁でないものはどれか。

イ　シャトル弁

ロ　シーケンス弁

ハ　減圧弁

ニ　リリーフ弁

18　日本工業規格(JIS)によれば、除去加工をしない場合の図示記号として、正しいものはどれか。

イ　　ロ　　ハ　　ニ

19　次の回路図の合成抵抗値はどれか。

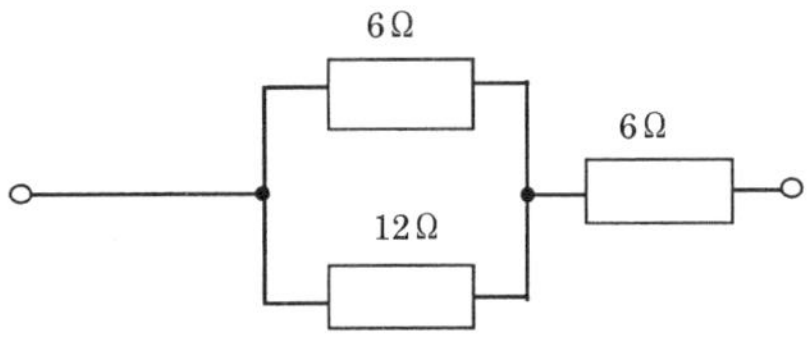

イ　8Ω

ロ　10Ω

ハ　12Ω

ニ　14Ω

20　文中の(　　)内に当てはまる数値として、正しいものはどれか。

労働安全衛生関係法令によれば、脚立の脚と水平面との角度は、(　　)度以下としなければならない。

イ　75

ロ　80

ハ　85

ニ　90

21　Oリングの組付けに関する記述として、誤っているものはどれか。

イ　組み立てる際に、Oリングをきずつけないために、取り付け部端面には、15°～20°の面取りを施すとよい。

ロ　Oリングに弾性変形を起こさないように、溝はOリングの太さより深くするとよい。

ハ　Oリングが、ねじ部又は鋭い角を通って取り付けられるときは、Oリングをきずつけないように取付けジグを用いて装着するとよい。

ニ　高い圧力が掛かるところにおいては、Oリングのはみ出し破損を防止するために、バックアップリングを併用するとよい。

[B群(多肢択一法)]

22　内輪回転の玉軸受の組立時の記述として、最も適しているものはどれか。
　イ　内輪をしまりばめとし、外輪を中間ばめとする。
　ロ　内輪、外輪ともにしまりばめとする。
　ハ　内輪、外輪ともにすきまばめとする。
　ニ　外輪をしまりばめとする。

23　日本工業規格(JIS)によれば、組やすりにおいて、5本組の組合せに含まれない形状はどれか。
　イ　平形
　ロ　だ円形
　ハ　三角形
　ニ　半丸形

24　圧力容器の水圧試験に関する記述として、正しいものはどれか。
　イ　大型容器は、2箇所に圧力計を取り付ける。
　ロ　内部に空気だまりがあってもよい。
　ハ　一気に規定圧力まで昇圧する。
　ニ　内外面に塗装、ゴムライニング等を完成させてから行う。

25　ジグの締め付けに関する記述として、誤っているものはどれか。
　イ　締め付け機構が簡単で、工作物の取り付け、取り外しが容易で確実なこと。
　ロ　締め付けには、スパナやボックススパナなどの多種類の工具を使用すること。
　ハ　締め付けによって、ずれや浮上がりがなく、加工中に緩まないこと。
　ニ　締め付け力が十分で、工作物が変形しないこと。

平成 31 年度 技能検定

1 級 仕上げ 学科試験問題

(機械組立仕上げ作業)

1. 試験時間　1 時間 40 分
2. 問題数　50 題(A 群 25 題、B 群 25 題)
3. 注意事項

(1) 係員の指示があるまで、この表紙はあけないでください。

(2) 答案用紙(真偽法と多肢択一法の併用)に検定職種名、作業名、級別、受検番号、氏名を必ず記入してください。

(3) 係員の指示に従って、問題数を確かめてください。それらに異常がある場合は、黙って手を挙げてください。問題はA 群(真偽法)と B 群(多肢択一法)とに分かれています。

(4) 試験開始の合図で始めてください。

(5) 解答の方法(真偽法と多肢択一法の併用)は次のとおりです。

イ. A 群の問題(真偽法)は、一つ一つの問題の内容が正しいか、誤っているかを判断して解答してください。

ロ. B 群の問題(多肢択一法)は、正解と思うものを一つだけ選んで、解答してください。二つ以上に解答した場合は誤答となります。

ハ. 答案用紙(マークシート用紙)へ解答する際は、答案用紙に記載されている注意事項に従ってください。

ニ. 答案用紙の解答欄は、A 群の問題と B 群の問題とでは異なります。所定の解答欄に、試験問題の題数に応じて解答してください。解答欄は A 群は 50 題まで、B 群は 25 題まで解答できるようになっています。

(6) 電子式卓上計算機その他これと同等の機能を有するものは、使用してはいけません。

(7) 携帯電話等は、使用してはいけません。

(8) 試験中、質問があるときは、黙って手を挙げてください。ただし、試験問題の内容、漢字の読み方等に関する質問にはお答えできません。

(9) 試験終了時刻前に解答ができあがった場合は、黙って手を挙げて、係員の指示に従ってください。

(10) 試験中に手洗いに立ちたいときは、黙って手を挙げて、係員の指示に従ってください。

(11) 試験終了の合図があったら、筆記用具を置き、係員の指示に従ってください。

［A群(真偽法)］

1　きさげで平面を仕上げるときは、初めに黒当たりをとり、次に赤当たりをとる。

2　ドリルによる穴あけ作業において、下図のように、大小の穴の重なり合いが少ないときは、一般に大きいほうを最初に加工した方がよい。

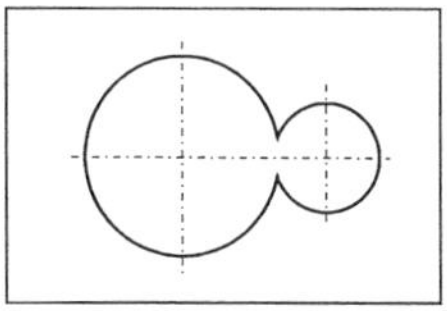

3　先端角を60°に研削したねじ切りバイトにすくい角をつけた場合、ねじ山の角度は、すくい角に関係なく60°になる。

4　限界プラグゲージで赤色のマークが付いている方は、止り側である。

5　$\overline{X}-R$ 管理図は、測定値をいくつかの範囲に分けて棒状もしくは滑らかな曲線で結んだ分布図で、ロット全体の傾向を示すものである。

6　テーパピンのテーパ比は、1 / 50である。

7　平削り盤は、テーブルを水平往復運動させ、バイトをテーブルの運動方向と直角方向に間欠的に送って、主として平面削りを行う工作機械のことである。

8　切削油剤を使用すると、すくい面への切りくずの付着を防止し、構成刃先の発生を防ぐ効果がある。

9　潤滑油に極圧添加剤を加えると、油膜が切れにくくなる。

10　溶接部に生じる欠陥のうちブローホールとは、溶接金属内部に形成された空洞部のことである。

11　一般に、機械構造用炭素鋼鋼材は、炭素量が多くなるほど引張強さが増す。

12　質量効果の大きい材料とは、内部まで十分に焼きが入らない材料のことをいう。

13　化成処理とは、化学及び電気化学的処理によって、金属表面に安定な化合物を生成させる処理のことである。

14　日本工業規格(JIS)のOリングの種類において、運動用はPの記号で表示する。

15　ビッカース硬さ試験では、鋼球の圧子を使用する。

[A群(真偽法)]

16 断面積1.5cm^{2}の丸棒に、直角にせん断荷重4500Nが加わった場合のせん断応力は、30MPaである。

17 ベーンポンプは、歯車の回転によって油を吐出させる構造のポンプである。

18 下図の記号は、直径7mmのドリルで8個の穴をあけることを表している。

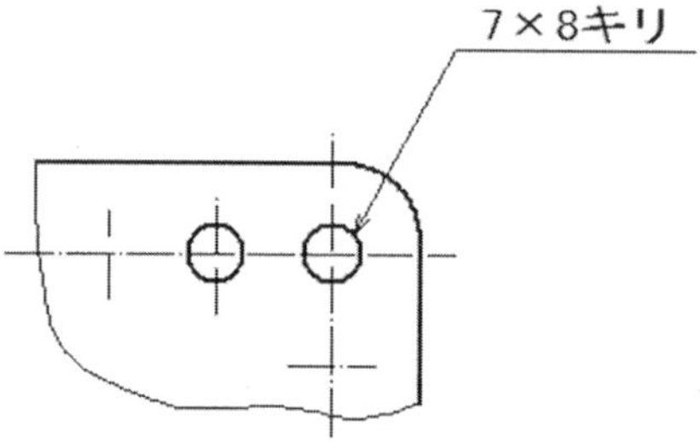

19 交流負荷から発生するノイズ対策には、ダイオードを用いるのがよい。

20 労働安全衛生関係法令によれば、機械間又は機械と他の設備との間に設ける通路の幅は、50cmあればよいとされている。

21 立てフライス盤の組立ては、主軸頭に組み付けられた主軸を中心にして、コラムの摺動《しゅうどう》面から始めるのがよい。

22 日本工業規格(JIS)の普通旋盤の静的精度検査によれば、主軸中心線と往復台の長手方向運動との平行度は、ダイヤルゲージ及びテストバーを用いて検査する。

23 日本工業規格(JIS)によれば、ねじ回しの先端から5mm以内の硬さは、62HRCを原則とするように規定されている。

24 日本工業規格(JIS)によれば、工作機械の振動を測定する場合、測定項目は、振幅、振動数及び加速度である。

25 工作物の穴のピッチ精度を向上させる方法の一つとして、穴あけジグを使用するとよい。

［B群(多肢択一法)］

1　日本工業規格(JIS)によれば、加工方法記号の手仕上げ分類のうち、やすり仕上げを表すものはどれか。

イ　FF
ロ　FP
ハ　FR
ニ　FS

2　けがきに関する記述として、誤っているものはどれか。

イ　定盤の種類は、「材料」及び「使用面の呼び寸法」で区分されている。
ロ　定盤の等級は、使用面の平面度によって区別されている。
ハ　けがき用塗料は、厚く塗るとよい。
ニ　けがき線と捨てけがき線を区別するために、けがき線の方にポンチを打つ。

3　研削といしに関する記述として、正しいものはどれか。

イ　結合度が高い場合、といしの周速度は遅いほうがよい。
ロ　結合度が低い場合、目つぶれが起こりやすい。
ハ　結合度が高い場合、目こぼれが起こりやすい。
ニ　結合度が低い場合、目づまりが起こりやすい。

4　測定器具に関する記述として、誤っているものはどれか。

イ　シリンダゲージは、外径用の測定器である。
ロ　オプチカルフラットは、比較的狭い部分の平面度測定に使われる。
ハ　サインバーは、ブロックゲージを併用して、角度測定に使われる。
ニ　水準器は、気泡管を用いて、水平面からの微小な傾斜を求める測定器である。

5　品質管理に関する記述として、正しいものはどれか。

イ　100個入り箱詰めの電球の破損数を管理するためには、np 管理図を用いるとよい。
ロ　計数値の特性を管理するためには、主として、$\overline{X}-R$ 管理図が用いられる。
ハ　抜取検査で合格となったロット中には、不良品は全く含まれていない。
ニ　LQLとは、合格品質水準のことである。

6　機械の主要構成要素に関する記述として、誤っているものはどれか。

イ　2軸間に一定速度の回転運動及び動力を伝達するためには、歯車を使用する。
ロ　呼び径が同一でも、有効径は、並目ねじよりも細目ねじのほうが大きい。
ハ　軸受には、軸に対して直角方向に作用するスラスト軸受と軸方向に荷重を支えるラジアル軸受がある。
ニ　台形ねじは、ボールねじと比較してバックラッシが大きい。

[B群(多肢択一法)]

7　放電加工の特徴に関する記述として、誤っているものはどれか。

イ　超硬合金や焼入れ鋼でも、硬さに関係なく加工することができる。

ロ　複雑な形状の形彫りや貫通加工ができる。

ハ　テーパ穴の加工ができる。

ニ　薄板の精密加工には適していない。

8　「水で希釈すると白濁し、冷却性がよく潤滑性もある」切削油剤の種類として、正しいものはどれか。

イ　エマルジョン形

ロ　鉱物油

ハ　混合油

ニ　ソリュブル形

9　グリース潤滑に関する記述として、誤っているものはどれか。

イ　摩擦熱によりその一部が溶けて液体の状態で潤滑する。

ロ　放熱性、冷却性がよいので、温度上昇が小さい。

ハ　密封性がよく、長期間にわたり潤滑性能が維持できる。

ニ　ちょう度番号が小さいほど、軟質である。

10　プレス機械のフレームの形状の分類として、誤っているものはどれか。

イ　C形

ロ　H形

ハ　コラム形

ニ　ストレートサイド形

11　合金に関する記述として、正しいものはどれか。

イ　黄銅は、銅と亜鉛を主成分とする合金である。

ロ　はんだは、すずとアルミニウムを主成分とする合金である。

ハ　青銅は、銅と鉛を主成分とする合金である。

ニ　ホワイトメタル合金は、アルミニウムを主成分とする合金である。

12　オイルシールの取扱いに関する記述として、誤っているものはどれか。

イ　作業台などの上にオイルシールを放置すると、オイルシールの表面に砂ぼこり、切粉などが付着するので注意する。

ロ　オイルシールを作業場に保管する場合には、ワイヤー又は糸でつり下げる。

ハ　オイルシールの洗浄が必要な場合には、研磨剤入りクリーナ、溶剤、腐食性のある液体、化学的な洗浄液などを用いない。

ニ　取り付け時、シールリップには、適正で正常な潤滑油を塗布する。

[B群(多肢択一法)]

13　文中の(　　)内に当てはまる語句として、適切なものはどれか。

鋼をオーステナイトの状態にした後、冷却剤中で急冷して(　　)組織を得るための操作を焼入れと呼ぶ。

イ　パーライト
ロ　トルースタイト
ハ　マルテンサイト
ニ　ソルバイト

14　PVD及びCVDに関する記述として、誤っているものはどれか。

イ　一般に、耐摩耗性を向上させる。
ロ　一般に、耐食性を向上させる。
ハ　PVDとは気相化学反応によって、製品の表面に薄膜を形成する処理のことである。
ニ　CVDには、常圧CVD、減圧CVD、プラズマCVDなどがある。

15　次のうち、金属内部欠陥の検出に適さないものはどれか。

イ　放射線透過試験
ロ　超音波探傷試験
ハ　磁粉探傷試験
ニ　蛍光浸透探傷試験

16　下図に示す吊り上げ機構において、動滑車に吊るした物体の重さ(滑車の重さを含む)による力が1000Nのとき、吊り上げに要する力Fとして、正しいものはどれか。

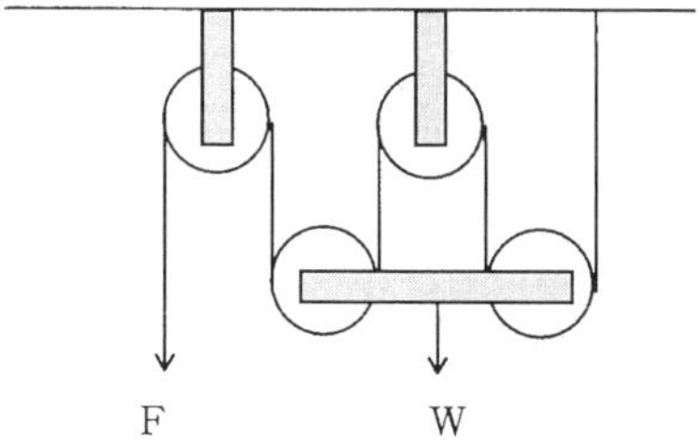

イ　250N
ロ　500N
ハ　750N
ニ　1000N

[Ｂ群(多肢択一法)]

17　油圧シリンダのピストンの動きが不安定になる原因として、適切でないものはどれか。

イ　シリンダからの油漏れがある。

ロ　作動油タンクの容量が大きすぎる。

ハ　シリンダの取付け状態に不具合がある。

ニ　シリンダ内に空気がたまっている。

18　日本工業規格(JIS)によれば、高速度工具鋼鋼材の種類の記号はどれか。

イ　SGP

ロ　SWRS

ハ　FC

ニ　SKH

19　電力P(W)、電圧V(V)、電流I(A)、抵抗R(Ω)とすると、電力Pを求める式に関して、誤っているものはどれか。

イ　$P=I^2/R$

ロ　$P=VI$

ハ　$P=I^2R$

ニ　$P=V^2/R$

20　労働安全衛生関係法令に定められている「特別教育を必要とする業務」に該当しないものはどれか。

イ　吊り上げ荷重が、5トン未満のクレーンの運転

ロ　吊り上げ荷重が、1トン以上のクレーンの玉掛け

ハ　研削といしの取替え又は取替え時の試運転

ニ　シャーの安全装置、安全囲いの取付け、取外し、調整

21　ボルト及びナットの強度表示に関する記述として、誤っているものはどれか。

イ　ボルト、ナットの組合せは、同等の強度区分、もしくはナットのほうが強い組合せを使用する。

ロ　ナットの強度区分の数字から、保証荷重応力が分かる。

ハ　ボルトの強度区分の数字が4.6の場合、引張強さが600MPa以上である。

ニ　ボルトの強度区分の数字が4.6の場合、下降伏点は240MPa以上である。

22　普通旋盤の組立てに関する記述として、誤っているものはどれか。

イ　ベッドの滑り面の真直度において、中高とする。

ロ　主軸台センタと心押台センタとの高さの差は、心押台側が低くてはならない。

ハ　主軸中心線と往復台の長手方向運動との平行度において、テストバーは、先下がりしてはならない。

ニ　主軸の軸受は、一般に、4点支持方式が採用されている。

[B群(多肢択一法)]

23　穴基準におけるはめあいの組合せの中で、最もしめしろの大きなものはどれか。

イ　H7／p6

ロ　H7／h6

ハ　H7／g6

ニ　H7／f6

24　騒音の測定に関する記述として、誤っているものはどれか。

イ　騒音レベルの単位は、デシベル(dB)で表す。

ロ　騒音レベルとは、通常、C特性の重み付けをした音圧レベルのことを指す。

ハ　音圧の単位は、圧力と同じパスカル(Pa)である。

ニ　騒音の周波数分析には、オクターブ及び1/3オクターブバンド分析器を用いる。

25　ジグの備えるべき条件に関する記述として、正しいものはどれか。

イ　軽量であれば、剛性がなくてもよい。

ロ　機構は複雑でも、使用機械に適合すればよい。

ハ　加工中の位置ずれを防止するため、締付箇所はできるだけ多くする。

ニ　切りくずの逃げがよく、掃除がしやすいこと。

平成 30 年度 技能検定

1 級 仕上げ 学科試験問題

(機械組立仕上げ作業)

1. 試験時間　1 時間 40 分
2. 問題数　50 題(A 群 25 題、B 群 25 題)
3. 注意事項

(1) 係員の指示があるまで、この表紙はあけないでください。

(2) 答案用紙(真偽法と多肢択一法の併用)に検定職種名、作業名、級別、受検番号、氏名を必ず記入してください。

(3) 係員の指示に従って、問題数を確かめてください。それらに異常がある場合は、黙って手を挙げてください。問題は A 群(真偽法)と B 群(多肢択一法)とに分かれています。

(4) 試験開始の合図で始めてください。

(5) 解答の方法(真偽法と多肢択一法の併用)は次のとおりです。

イ. A 群の問題(真偽法)は、一つ一つの問題の内容が正しいか、誤っているかを判断して解答してください。

ロ. B 群の問題(多肢択一法)は、正解と思うものを一つだけ選んで、解答してください。二つ以上に解答した場合は誤答となります。

ハ. 答案用紙(マークシート用紙)へ解答する際は、答案用紙に記載されている注意事項に従ってください。

ニ. 答案用紙の解答欄は、A 群の問題と B 群の問題とでは異なります。所定の解答欄に、試験問題の題数に応じて解答してください。解答欄は A 群は 50 題まで、B 群は 25 題まで解答できるようになっています。

(6) 電子式卓上計算機その他これと同等の機能を有するものは、使用してはいけません。

(7) 携帯電話等は、使用してはいけません。

(8) 試験中、質問があるときは、黙って手を挙げてください。ただし、試験問題の内容、漢字の読み方等に関する質問にはお答えできません。

(9) 試験終了時刻前に解答ができあがった場合は、黙って手を挙げて、係員の指示に従ってください。

(10) 試験中に手洗いに立ちたいときは、黙って手を挙げて、係員の指示に従ってください。

(11) 試験終了の合図があったら、筆記用具を置き、係員の指示に従ってください。

［A群(真偽法)］

1 日本工業規格(JIS)によれば、鉄工やすりの目切り部の硬さは、62HRC以上である。

2 たがねの刃先角は、工作物が硬くなるほど鋭角にしたほうがよい。

3 日本工業規格(JIS)によれば、研削といしは、研削材の種類、研削材の粒度、結合度、組織、結合剤及び細分記号等の各項目を、1包装ごとに明記するよう規定されている。

4 オプチカルフラットは、光波の干渉じまにより、鏡面仕上げ面等の平面度を測定することができる。

5 標準偏差とは、品質のばらつきの最大と最小との差のことである。

6 モジュール3、歯先円直径96mmの標準平歯車の歯数は、30枚である。

7 ボールねじは、精密な位置決めに使用できるので、NC工作機械に多く使われている。

8 一般に、切削油剤に適量の硫黄や硫化物を添加剤として加えると、切削上の効果として潤滑作用が良くなる。

9 油の粘度は油の流動性を示すものであり、常温では、粘度の高い油の方が流動性が悪く流れにくい。

10 型鍛造は、金属材料を加熱溶解し、砂型に流し込んで任意の形状の品物をつくる工作法のことである。

11 金属の展性とは、材料を棒や線のように引き伸ばすことのできる性質をいう。

12 鋼材の焼入れの目的は、残留応力の除去等である。

13 高温加熱、スパッタリングなどの物理的方法で物質を蒸発し、基板に凝縮させ、薄膜を形成する方法の略称を、PVDという。

14 Oリングの用途別種類の記号Pは、固定用である。

15 蛍光浸透探傷試験は、材料内部の傷の検査に使用される。

16 同一材料、同一条件のもとで使用される2つのはりでは、断面係数が小さいもののほうが大きいものより曲げに対して強い。

［A群(真偽法)］

17　リリーフ弁とは、回路内の圧力を設定値に保持するために、流体の一部又は全部を逃がす圧力制御弁のことである。

18　日本工業規格(JIS)による加工方法の記号ZMは、けがきを表す。

19　三相誘導電動機においては、電源からの3本の線のうち、2本を入れ替えて結線することによって回転方向を逆にすることができる。

20　有機溶剤中毒予防規則によれば、屋内作業場等における有機溶剤等の区分の色分けによる表示のうち、第一種有機溶剤等は、青である。

21　組立用定盤には、鋳鉄製で機械加工した組立定盤とレール状のものを埋め込んだレール定盤等がある。

22　水準器の使用前には、水準器を定盤上に置いたときの読みと、これを180°反転したときの読みとの差がないことを確認する。

23　下図のような長方形のカバー部品を密着させて取り付ける場合、ボルトの示す番号の順序に従って締め付けるとよい。

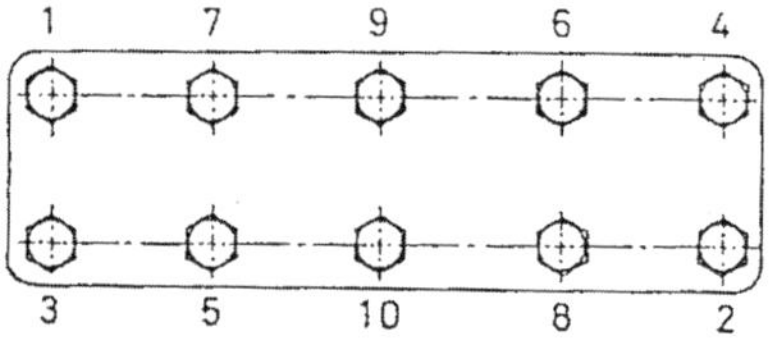

24　日本工業規格(JIS)によれば、旋盤の剛性試験は、主軸及び心押軸の曲げ剛性についてだけ検査すればよい。

25　下図のようにジグの位置決めピンの片側をひし形ピンにする場合、図Bの使い方が正しい。

図A

図B

［B群(多肢択一法)］

1　ラップ作業で光沢面及び仕上げ面精度を得る場合の記述として、誤っているものはどれか。

イ　工作物は、一般に、硬度が高いほど鏡面が得られる。

ロ　湿式法と乾式法があるが、鏡面仕上げをする場合は乾式法がよい。

ハ　仕上げ加工をする場合、ラップ液(加工液)は荒加工より粘度の低い油を用いる。

ニ　ラップ工具は、工作物より軟質のものを用いる。

2　けがき作業における工作物の据付方法に関する記述として、適切でないものはどれか。

イ　基準面として加工済みの場合は、その基準面を直接定盤上に置いて行う。

ロ　基準面が仕上がっていて、定盤上に直接置くことが不都合なときは、金ます及びアングルプレートなどを使用して行う。

ハ　基準面が加工されていない鋳造品や鍛造品などは、豆ジャッキを使用して4点支持で行う。

ニ　小物、丸棒を固定する際、金ますを使用し、定盤上で倒せば直角けがきができる。

3　切削工具に関する記述のうち、誤っているものはどれか。

イ　ガンドリルは、主として、深穴の穴あけに使用される。

ロ　エンドミルの右刃とは、駆動側から見て右回転すると工作物を切削することができる刃のことをいう。

ハ　不等間隔偶数刃リーマは、等間隔偶数刃リーマよりもびびりやすい。

ニ　溝なしタップの下穴は、溝付きタップの下穴よりも大きくすべきである。

4　内径を測定・検査する測定具として、適していないものはどれか。

イ　プラグゲージ

ロ　キャリパ形内側マイクロメータ

ハ　シリンダゲージ

ニ　オートコリメータ

5　品質管理に関する記述として、誤っているものはどれか。

イ　パレート図とは、項目別に層別して出現度数の大きさの順に並べるとともに、累積和を示した図のことである。

ロ　抜取検査とは、ある一つのロットを選び、そのロットに含まれる全部を検査する方法のことである。

ハ　$\overline{X}$－R管理図に用いるUCL、LCLとは、管理限界線のことである。

ニ　特性要因図とは、特定の結果と原因系の関係を系統的に表した図のことである。

[B群(多肢択一法)]

6　管用テーパねじに関する記述として、誤っているものはどれか。

　イ　記号は、テーパおねじをR、テーパめねじをRcで表す。
　ロ　テーパおねじ及びテーパめねじの表し方に、PTがある。
　ハ　ねじ山の角度は、60°である。
　ニ　テーパは、1/16である。

7　旋盤に関する記述として、誤っているものはどれか。

　イ　普通旋盤では、主軸の回転と切削送りは一台のモータで行う。
　ロ　普通旋盤では、主軸回転数の変速は歯車のかみ合いの変更によって行う。
　ハ　数値制御旋盤では、周速を一定に制御することができない。
　ニ　数値制御旋盤では、主軸のモータの他に横送りと縦送りのモータがある。

8　文中の(　　)内に当てはまる語句として、適切なものはどれか。

水溶性切削油剤は、水で希釈して使用する切削油剤で、日本工業規格(JIS)では(　A　)に区分されており、(　B　)を主目的に使用される。

	A	B
イ	3種類	冷却効果
ロ	2種類	潤滑効果
ハ	3種類	潤滑効果
ニ	2種類	冷却効果

9　次のうち、高速回転体の潤滑方法として、最も適しているものはどれか。

　イ　リング給油方式
　ロ　滴下給油方式
　ハ　グリース給油方式
　ニ　強制給油方式

10　金属接合法に関する記述のうち、誤っているものはどれか。

　イ　融接は、母材を溶融して接合する。
　ロ　圧接は、母材を半溶融状態で機械的圧力を加え接合する。
　ハ　ろう接は、母材を溶融させないで、別の溶融金属を介して接合する。
　ニ　硬ろう接とは、はんだ付けをいう。

11　鋼材に関する記述のうち、誤っているものはどれか。

　イ　一般に、一般構造用圧延鋼材は、焼入れはしない。
　ロ　溶接構造用圧延鋼材は、炭素量が0.25%以下である。
　ハ　鍛鋼品は、リムド鋼である。
　ニ　H鋼は、焼入端からの一定距離における硬さの上限、下限又は範囲を保証した鋼である。

[B群(多肢択一法)]

12　機械構造用炭素鋼鋼材のS45Cの炭素含有量として、正しいものはどれか。

イ　0.042% ～0.048%

ロ　0.42% ～ 0.48%

ハ　4.2% ～ 4.8%

ニ　42% ～ 48%

13　次のうち、焼なましを行う目的として、誤っているものはどれか。

イ　金属の硬化

ロ　内部応力の除去

ハ　結晶組織の調整

ニ　冷間加工性の改善

14　次の表面処理のうち、一般的な使用条件の下で最も膜厚が薄いものはどれか。

イ　硬質クロムめっき

ロ　セラミック溶射

ハ　PVD

ニ　浸漬塗装

15　文中の(　　)内に入る語句として、適切なものはどれか。

金属材料試験のうち、材料の粘り強さを知る方法の一つに、(　　)衝撃試験方法がある。

イ　シャルピー

ロ　ロックウェル

ハ　ビッカース

ニ　ブリネル

16　材料力学に関する記述として、誤っているものはどれか。

イ　圧縮応力は、次式により求めることができる。

$$\text{圧縮応力}\,\sigma = \frac{\mathrm{P}}{\mathrm{A}}$$

ただし、P：圧縮荷重、A：断面積とする。

ロ　下図に示す切欠きのある材料に荷重がかかる場合、溝底の断面積が等しければ、図Aの切欠きは、図Bの切欠きより応力集中が大きい。

図A

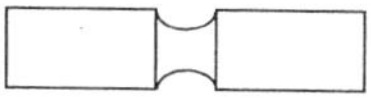
図B

ハ　縦弾性係数は、次式により求めることができる。

$$\text{縦弾性係数} = \frac{\text{応力}}{\text{ひずみ}}$$

ニ　S－N曲線とは、応力－ひずみ線図のことである。

[B群(多肢択一法)]

17　空気圧フィルタの主目的に関する記述として、正しいものはどれか。

イ　オイルタンクのオイルをろ過する。

ロ　圧縮空気中に含む水分を除去して乾燥空気を得る。

ハ　圧縮空気中の比較的大きな遊離水滴や異物を除去する。

ニ　空気圧回路内の圧力を設定値に保持する。

18　日本工業規格(JIS)の加工方法記号において、手仕上げの分類のうち、やすり仕上げを表すものはどれか。

イ　FF

ロ　FL

ハ　FR

ニ　FS

19　交流電圧に関する記述として、誤っているものはどれか。

イ　電圧の変更は、直流に比べて容易である。

ロ　電圧は、正負に変化する。

ハ　基本的な波形は、サインカーブである。

ニ　交流電力は、電圧と力率の積で表される。

20　労働安全衛生関係法令によれば、研削といしの覆いの規定が適用外になる研削といしの直径はどれか。

イ　50mm未満

ロ　60mm未満

ハ　65mm未満

ニ　70mm未満

21　トルクレンチの主な使用目的として、最も正しいものはどれか。

イ　締付け力を規定値にするため。

ロ　通常のスパナやレンチより、強く締められるため。

ハ　締付け忘れをなくすため。

ニ　作業を早く終わらせることができるため。

22　リニアガイドの取り付けに関する記述として、誤っているものはどれか。

イ　防錆《せい》油が塗布されているが、組み付け前に基準面を洗浄油で拭き取ってはならない。

ロ　組み付ける前に、機械取付け面のばり、打こん、ごみ等を必ず取り除く。

ハ　レールの取付け穴にボルトを入れたとき、ねじ穴のずれがないか確認する。

ニ　レール取り付けボルトの締め付け手順は、中央位置から軸端に向けて順序よく締め付ける。

[B群(多肢択一法)]

23　機械の組付け及び調整に関する記述として、誤っているものはどれか。

イ　冷やしばめは、穴を常温以下に冷却し、常温の軸をはめ込む方法である。

ロ　焼ばめ作業は、後で抜き取ることを考慮しないで作業を進めてよい。

ハ　一般に、油圧装置の配管工事後は、フラッシングを行う。

ニ　1/100のこう配を持つギブですきまの調整をする場合、0.01mmの調整をするには、ギブを長手方向に1mm動かせばよい。

24　日本工業規格(JIS)で定める圧力容器の漏れ試験方法に関する記述として、誤っているものはどれか。

イ　漏れ試験には、液体によるものと気体によるものがある。

ロ　気体漏れ試験には、真空発泡試験がある。

ハ　気密試験は、水を加圧して漏れを調べる液体漏れ試験の一つである。

ニ　アンモニアリーク試験は、気体漏れ試験の一つである。

25　一般にジグ用ブシュに関する記述として、誤っているものはどれか。

イ　ブシュの外観に、地きず及び割れ並びにさびなどの欠陥がないこと。

ロ　ブシュの内外円筒面の表面粗さは、0.80μmRaとする。

ハ　ブシュの硬さは、40HRC以下とする。

ニ　つば付きブシュの切下げの形は、製造業者が決定できる。

平成29年度 技能検定

1級 仕上げ 学科試験問題

(機械組立仕上げ作業)

1. 試験時間　1時間40分
2. 問題数　50題(A群25題、B群25題)
3. 注意事項

(1) 係員の指示があるまで、この表紙はあけないでください。

(2) 答案用紙(真偽法と多肢択一法の併用)に検定職種名、作業名、級別、受検番号、氏名を必ず記入してください。

(3) 係員の指示に従って、問題数を確かめてください。それらに異常がある場合は、黙って手を挙げてください。問題はA群(真偽法)とB群(多肢択一法)とに分かれています。

(4) 試験開始の合図で始めてください。

(5) 解答の方法(真偽法と多肢択一法の併用)は次のとおりです。

イ. A群の問題(真偽法)は、一つ一つの問題の内容が正しいか、誤っているかを判断して解答してください。

ロ. B群の問題(多肢択一法)は、正解と思うものを一つだけ選んで、解答してください。二つ以上に解答した場合は誤答となります。

ハ. 答案用紙(マークシート用紙)へ解答する際は、答案用紙に記載されている注意事項に従ってください。

ニ. 答案用紙の解答欄は、A群の問題とB群の問題とでは異なります。所定の解答欄に、試験問題の題数に応じて解答してください。解答欄はA群は50題まで、B群は25題まで解答できるようになっています。

(6) 電子式卓上計算機その他これと同等の機能を有するものは、使用してはいけません。

(7) 携帯電話等は、使用してはいけません。

(8) 試験中、質問があるときは、黙って手を挙げてください。ただし、試験問題の内容、漢字の読み方等に関する質問にはお答えできません。

(9) 試験終了時刻前に解答ができあがった場合は、黙って手を挙げて、係員の指示に従ってください。

(10) 試験中に手洗いに立ちたいときは、黙って手を挙げて、係員の指示に従ってください。

(11) 試験終了の合図があったら、筆記用具を置き、係員の指示に従ってください。

[A群(真偽法)]

1　軟らかい材料のはつりに使用する平たがねの刃先角度は、一般に、硬い材料をはつるときよりも大きくするとよい。

2　軟らかい材料の穴あけに使用するドリルは、一般に硬い材料の穴をあけるものよりも逃げ角を大きくするとよい。

3　ターゲットドリルとは、穴の中心部を残して穴あけをするドリルをいう。

4　外側マイクロメータのフレームを、直接素手で長時間持っていると、フレームが膨張して、実寸法より小さく読み取れることがある。

5　下図は、ヒストグラムの一例である。

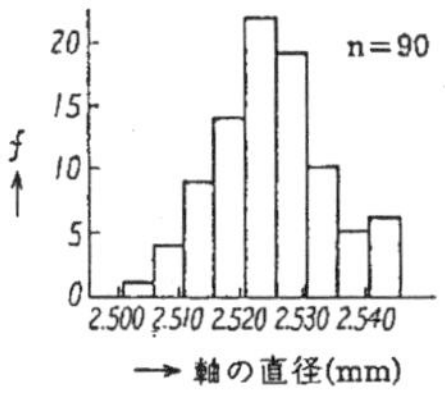

6　ボルトの軸心が、締め付けられる物体に対して直角でない場合には、主として、座付きナットが使用される。

7　立て削り盤は、キー溝の加工はできない。

8　水溶性切削油剤は、一般に、水に希釈せず原液のまま使用する。

9　潤滑油に極圧添加剤を加えると、油膜が切れにくくなる。

10　金属の接合方法には、融接、圧接、ろう接がある。

11　鋼は、鋳鉄より振動を吸収しやすい。

12　熱処理における表面硬化法のうち、最もひずみの発生が大きいものは、窒化法である。

13　無電解めっきとは、溶液中での還元反応を利用して品物の表面にめっき金属を析出させ、金属から非金属に至るまで広くめっきできる処理をいう。

14　ふっ素ゴムは、高温用の耐油性ゴムとして使用される。

［A群(真偽法)］

15　ブリネル硬さ試験法は、正四角すいのダイヤモンド圧子を押し付けて、その対角線の長さで材料の硬さを求める試験法である。

16　一定の荷重又は応力のもとで時間の経過とともに材料の変形が増加する現象のことをクリープという。

17　アンロード弁とは、外部パイロット圧力が所定の圧力に達すると、入口側からタンク側への自由流れを許す圧力制御弁をいう。

18　日本工業規格(JIS)によれば、下図の溶接記号は、すみ肉溶接を表している。

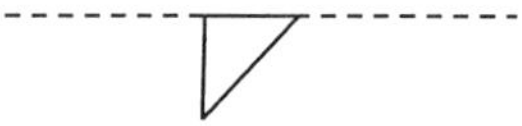

19　交流負荷から発生するノイズ対策には、ダイオードを用いるのがよい。

20　卓上用グラインダのワークレストは、といしの中心より高く取り付けておくのがよい。

21　ジャーナルジャッキは、耐久性に優れたスクリュ式メカニカルジャッキである。

22　歯車のかみあいにバックラッシをつける目的は、逆回転をしやすくするためである。

23　日本工業規格(JIS)によれば、十字ねじ回しの呼び番号の1番と4番では、4番のほうが大きい十字穴に用いられる。

24　日本工業規格(JIS)の直立ボール盤の静的精度検査によれば、テーブル上面は中高であってもよい。

25　日本工業規格(JIS)によれば、ドリル又はリーマの案内用としての差込みブシュは、ブシュの交換を必要とせず、ジグプレートに直接差し込むブシュである。

［B群(多肢択一法)］

1　ラップ作業に用いるラップ液に関する記述として、誤っているものはどれか。
　イ　鋳鉄には、油性又は水溶性のどちらでも使える。
　ロ　SUS304には、油性を使用するとよい。
　ハ　超硬合金には、アルコールを使うとよい。
　ニ　黄銅には、油性又は水溶性のどちらでも使える。

2　けがき作業用塗料に関する記述として、正しいものはどれか。
　イ　ご粉は、仕上げ用塗料である。
　ロ　ご粉は、できるだけ厚く塗るとよい。
　ハ　青竹には、ワニスとアルコールを混ぜるとよい。
　ニ　青竹は、黒皮部分をけがく場合に使用する。

3　切削及び研削に関する記述として、誤っているものはどれか。
　イ　ドリルは、ドリルのねじれ角が小さいと刃先が弱くなり、欠けやすくなる。
　ロ　研削といしの組織とは、といしの全体積に対すると粒の占める割合のことである。
　ハ　バイトのすくい角を大きくとれば、切れ味は良くなるが刃先は弱くなる。
　ニ　側フライスは、主として側面及び溝削り用として用いられる。

4　測定器具に関する記述として、誤っているものはどれか。
　イ　シリンダゲージは、外径用の測定器である。
　ロ　オプチカルフラットは、比較的狭い部分の平面度測定に使われる。
　ハ　サインバーは、ブロックゲージを併用して、角度測定に使われる。
　ニ　水準器は、気泡管を用いて、水平面からの微小な傾斜を求める測定器である。

5　品質管理に関する記述のうち、誤っているものはどれか。
　イ　良い品質とは、使用目的や要求精度を満足し経済的に生産できる品質のことである。
　ロ　品質管理サイクルとは、受注、設計、製造及び販売の4ステップを回すことである。
　ハ　品質管理の七つ道具とは、パレート図、特性要因図、グラフ、チェックシート、管理図、ヒストグラム及び散布図のことである。
　ニ　製造工程が安定しているとは、作られる製品の特性値のばらつきの幅が小さいことである。

6　たけのこばねに関する記述として、正しいものはどれか。
　イ　一般に引張り荷重を受けるところに使用する。
　ロ　一般に曲げ荷重を受けるところに使用する。
　ハ　一般にねじり荷重を受けるところに使用する。
　ニ　一般に圧縮荷重を受けるところに使用する。

[B群(多肢択一法)]

7　放電加工の特徴に関する記述として、誤っているものはどれか。

イ　超硬合金や焼入れ鋼でも、硬さに関係なく加工することができる。

ロ　複雑な形状の形彫りや貫通加工ができる。

ハ　テーパ穴の加工ができる。

ニ　薄板の精密加工には適していない。

8　次のうち、精密ねじ切り作業に使用する切削油剤として、最も適しているものはどれか。

イ　防錆性能の高い不水溶性切削油剤

ロ　潤滑性能の高い不水溶性切削油剤

ハ　冷却性能の高い水溶性切削油剤

ニ　洗浄性能の高い水溶性切削油剤

9　グリース潤滑に関する記述として、誤っているものはどれか。

イ　摩擦熱によりその一部が溶けて液体の状態で潤滑する。

ロ　放熱性、冷却性がよいので、温度上昇が小さい。

ハ　密封性がよく、長期間にわたり潤滑性能が維持できる。

ニ　ちょう度番号が小さいほど、軟質である。

10　接合法に関する記述として、誤っているものはどれか。

イ　アーク溶接は、融接である。

ロ　はんだ付けは、ろう接である。

ハ　電子ビーム溶接は、融接である。

ニ　電気抵抗溶接は、融接である。

11　鋼材に関する記述として、誤っているものはどれか。

イ　合金工具鋼は、帯のこ、丸のこなどの刃物に使用される。

ロ　ステンレス鋼は、耐熱鋼として使用できない。

ハ　高速度工具鋼は、旋盤で用いるバイトなどに使用される。

ニ　高炭素クロム鋼は、軸受鋼材に使用される。

12　銅の機械的性質に関する記述として、正しいものはどれか。

イ　亜鉛より延性が小さい。

ロ　アルミニウムより延性が大きい。

ハ　金より展性が大きい。

ニ　銀より展性が大きい。

[B群(多肢択一法)]

13　機械構造用炭素鋼鋼材S45Cを加熱してオーステナイト領域の温度から水などにより急冷した場合、生成される金属組織はどれか。

イ　セメンタイト
ロ　フェライト
ハ　パーライト
ニ　マルテンサイト

14　鉄鋼材料の表面にPVD・CVD(コーティング処理)を行う目的として、誤っているものはどれか。

イ　耐摩耗性を向上させる。
ロ　耐食性を向上させる。
ハ　経年変化を抑える。
ニ　耐熱性を向上させる。

15　日本工業規格(JIS)によれば、炭素鋼の火花試験において、炭素量が増えたときの一般的な火花特性として、誤っているものはどれか。

イ　流線の数は増える。
ロ　流線の長さは短くなる。
ハ　破裂の数は少なくなる。
ニ　流線の太さは細くなる。

16　軟鋼における応力－ひずみ線図の各点を示す用語の組合せとして、正しいものはどれか。

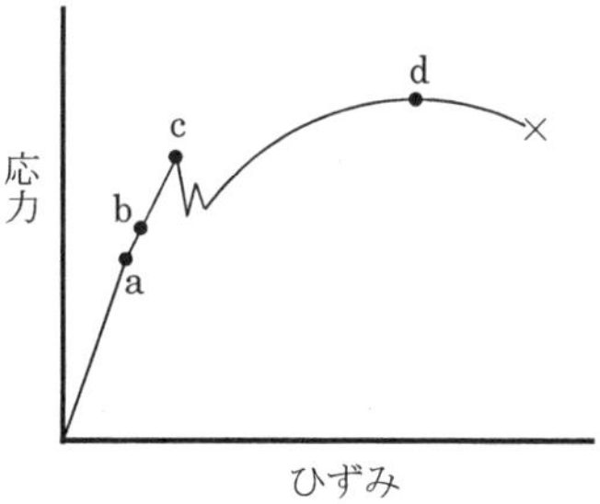

	a	b	c	d
イ	比例限度	弾性限度	極限強さ	上降伏点
ロ	比例限度	弾性限度	上降伏点	極限強さ
ハ	弾性限度	比例限度	上降伏点	極限強さ
ニ	弾性限度	上降伏点	比例限度	極限強さ

[B群(多肢択一法)]

17 油圧シリンダのピストンの動きが不安定になる原因として、適切でないものはどれか。

イ シリンダからの油漏れがある。

ロ 作動油タンクの容量が大きすぎる。

ハ シリンダの取付け状態に不具合がある。

ニ シリンダ内に空気がたまっている。

18 日本工業規格(JIS)によれば、歯車製図において歯車の基準円の図示方法として、正しいものはどれか。

イ 細い実線

ロ 細い一点鎖線

ハ 細い破線

ニ 細い二点鎖線

19 電気に関する記述として、正しいものはどれか。

イ 電流を電流計で計るときは、回路に並列に接続する。

ロ 半導体とは、導体と絶縁体の中間の性質を持っているもので、亜鉛、すず等がある。

ハ 一般に、電気抵抗は、導体の長さに正比例し、導体の断面積に反比例する。

ニ 電気設備に関する技術基準を定める省令によれば、交流500Vの電圧は「高圧」に区分される。

20 文中の(　　)内に入る数値として、正しいものはどれか。

「労働安全衛生関係法令によれば、労働者が常時就業する場所で、精密な作業をするときの作業面の照度は、原則として(　　)ルクス以上と定められている。」

イ 100

ロ 300

ハ 800

ニ 1000

21 組立て前の検討項目に関する記述として、誤っているものはどれか。

イ 向き合った軸の心合わせをするには、最初に平行度を合わせるとよい。

ロ ボールねじを使用した位置決め装置の精度を測定するには、ピッチマスタを使用するとよい。

ハ 大型機械の据付けで、ベッドの真直度を計測するには、オートコリメータを使用するとよい。

ニ 機械の据付けは、初めに水平出しを行えば、その後、定期的に行う必要はないので、基準となる面を設けなくてよい。

[B群(多肢択一法)]

22　普通旋盤の組立てに関する記述として、誤っているものはどれか。
　イ　ベッドの滑り面の真直度において、中高とする。
　ロ　主軸台センタと心押台センタとの高さの差は、心押台側が低くてはならない。
　ハ　主軸中心線と往復台の長手方向運動との平行度において、テストバーは、先下がりしてはならない。
　ニ　主軸の軸受は、一般に、4点支持方式が採用されている。

23　内輪が回転し、静止している外輪に対して一定方向の荷重がかかる場合、転がり軸受のはめあい選定として、適切な組合せはどれか。
　イ　内輪：中間ばめ、外輪：しまりばめ
　ロ　内輪：しまりばめ、外輪：中間ばめ
　ハ　内輪：すきまばめ、外輪：しまりばめ
　ニ　内輪：すきまばめ、外輪：すきまばめ

24　日本工業規格(JIS)で定める、工作機械の振動測定方法に関する記述として、誤っているものはどれか。
　イ　測定に使用する振動計の測定範囲は、少なくとも15～1000Hzの特性をもつものでなければならない。
　ロ　振動の測定値は、μmで表し、測定範囲は約1000μmまでとする。
　ハ　加速度の測定値はm/s^2で表し、測定範囲は約100 m/s^2までとする。
　ニ　測定に使用する振動計及び加速度計の精度は、±10%以内とする。

25　工作用ジグに関する記述として、誤っているものはどれか。
　イ　剛性があること。
　ロ　切りくずの逃げがよいこと。
　ハ　締付け箇所が多いこと。
　ニ　工作物の取付け、取外しが容易であること。

仕上げ

正解表

平成31年度　2級　学科試験正解表
仕上げ（治工具仕上げ作業）

真偽法

番号	1	2	3	4	5
正解	×	×	○	×	○

番号	6	7	8	9	10
正解	○	○	○	×	×

番号	11	12	13	14	15
正解	×	×	○	○	○

番号	16	17	18	19	20
正解	×	×	○	○	×

番号	21	22	23	24	25
正解	×	○	○	○	×

択一法

番号	1	2	3	4	5
正解	ハ	ハ	ニ	ハ	イ

番号	6	7	8	9	10
正解	ニ	ハ	ロ	ニ	ハ

番号	11	12	13	14	15
正解	ロ	イ	ロ	ニ	ニ

番号	16	17	18	19	20
正解	ハ	イ	ハ	ハ	ハ

番号	21	22	23	24	25
正解	ニ	ハ	ハ	イ	ロ

平成30年度　2級　学科試験正解表
仕上げ（治工具仕上げ作業）

真偽法

番号	1	2	3	4	5
解答	○	○	×	○	×

番号	6	7	8	9	10
解答	×	×	○	○	×

番号	11	12	13	14	15
解答	○	○	○	○	○

番号	16	17	18	19	20
解答	○	×	○	×	×

番号	21	22	23	24	25
解答	○	×	×	○	×

択一法

番号	1	2	3	4	5
解答	ハ	ハ	ロ	イ	ロ

番号	6	7	8	9	10
解答	ニ	ロ	イ	ニ	ニ

番号	11	12	13	14	15
解答	ハ	ハ	ニ	ニ	ハ

番号	16	17	18	19	20
解答	ニ	ロ	ハ	ニ	ロ

番号	21	22	23	24	25
解答	ニ	ロ	ニ	ハ	イ

平成29年度　2級　学科試験正解表
仕上げ（治工具仕上げ作業）

真偽法

番号	1	2	3	4	5
解答	○	×	×	○	○

番号	6	7	8	9	10
解答	×	○	○	×	×

番号	11	12	13	14	15
解答	○	○	×	×	○

番号	16	17	18	19	20
解答	×	○	×	○	×

番号	21	22	23	24	25
解答	○	○	×	○	×

択一法

番号	1	2	3	4	5
解答	ハ	ニ	ニ	ロ	イ

番号	6	7	8	9	10
解答	イ	ハ	ロ	ロ	ロ

番号	11	12	13	14	15
解答	ハ	イ	ロ	ニ	ロ

番号	16	17	18	19	20
解答	ロ	イ	ハ	ロ	イ

番号	21	22	23	24	25
解答	イ	ハ	ニ	イ	ロ

平成31年度　1級　学科試験正解表
仕上げ（治工具仕上げ作業）

真偽法

番号	1	2	3	4	5
正解	×	×	×	○	×

番号	6	7	8	9	１０
正解	○	○	○	○	○

番号	１１	１２	１３	１４	１５
正解	○	○	○	○	×

番号	１６	１７	１８	１９	２０
正解	○	×	×	×	×

番号	２１	２２	２３	２４	２５
正解	○	×	○	○	○

択一法

番号	1	2	3	4	5
正解	イ	ハ	イ	イ	イ

番号	6	7	8	9	１０
正解	ハ	ニ	イ	ロ	ロ

番号	１１	１２	１３	１４	１５
正解	イ	ロ	ハ	ハ	ニ

番号	１６	１７	１８	１９	２０
正解	イ	ロ	ニ	イ	ロ

番号	２１	２２	２３	２４	２５
正解	ニ	イ	ニ	ニ	ロ

平成30年度　1級　学科試験正解表
仕上げ（治工具仕上げ作業）

真偽法

番号	1	2	3	4	5
解答	○	×	○	○	×

番号	6	7	8	9	１０
解答	○	○	○	○	×

番号	１１	１２	１３	１４	１５
解答	×	×	○	×	×

番号	１６	１７	１８	１９	２０
解答	×	○	○	○	×

番号	２１	２２	２３	２４	２５
解答	×	×	○	×	○

択一法

番号	1	2	3	4	5
解答	ハ	ハ	ハ	ニ	ロ

番号	6	7	8	9	１０
解答	ハ	ハ	イ	ニ	ニ

番号	１１	１２	１３	１４	１５
解答	ハ	ロ	イ	ハ	イ

番号	１６	１７	１８	１９	２０
解答	ニ	ハ	イ	ニ	イ

番号	２１	２２	２３	２４	２５
解答	ハ	ニ	イ	ニ	ロ

平成29年度　1級　学科試験正解表
仕上げ（治工具仕上げ作業）

真偽法

番号	1	2	3	4	5
解答	×	○	○	○	○

番号	6	7	8	9	10
解答	×	×	×	○	○

番号	11	12	13	14	15
解答	×	×	○	○	×

番号	16	17	18	19	20
解答	○	○	○	×	×

番号	21	22	23	24	25
解答	×	○	○	○	×

択一法

番号	1	2	3	4	5
解答	ハ	ハ	イ	イ	ロ

番号	6	7	8	9	10
解答	ニ	ニ	ロ	ロ	ニ

番号	11	12	13	14	15
解答	ロ	ロ	ニ	ハ	ハ

番号	16	17	18	19	20
解答	ロ	ロ	ロ	ハ	ロ

番号	21	22	23	24	25
解答	イ	ニ	イ	ロ	ハ

平成31年度　2級　学科試験正解表
仕上げ（金型仕上げ作業）

真偽法

番号	1	2	3	4	5
正解	×	×	○	×	○

番号	6	7	8	9	10
正解	○	○	○	×	×

番号	11	12	13	14	15
正解	×	×	○	○	○

番号	16	17	18	19	20
正解	×	×	○	○	×

番号	21	22	23	24	25
正解	×	○	○	×	○

択一法

番号	1	2	3	4	5
正解	ハ	ハ	ニ	ハ	イ

番号	6	7	8	9	10
正解	ニ	ハ	ロ	ニ	ハ

番号	11	12	13	14	15
正解	ロ	イ	ロ	ニ	ニ

番号	16	17	18	19	20
正解	ハ	イ	ハ	ハ	ハ

番号	21	22	23	24	25
正解	イ	ニ	ロ	イ	ハ

平成30年度　2級　学科試験正解表
仕上げ（金型仕上げ作業）

真偽法

番号	1	2	3	4	5
解答	○	○	×	○	×

番号	6	7	8	9	10
解答	×	×	○	○	×

番号	11	12	13	14	15
解答	○	○	○	○	○

番号	16	17	18	19	20
解答	○	×	○	×	×

番号	21	22	23	24	25
解答	×	×	×	○	○

択一法

番号	1	2	3	4	5
解答	ハ	ハ	ロ	イ	ロ

番号	6	7	8	9	10
解答	ニ	ロ	イ	ニ	ニ

番号	11	12	13	14	15
解答	ハ	ハ	ニ	ニ	ハ

番号	16	17	18	19	20
解答	ニ	ロ	ハ	ニ	ロ

番号	21	22	23	24	25
解答	ニ	ニ	イ	ニ	ハ

平成 29 年度　2級　学科試験正解表
仕上げ（金型仕上げ作業）

真偽法

番号	1	2	3	4	5
解答	○	X	X	○	○

番号	6	7	8	9	10
解答	X	○	○	X	X

番号	11	12	13	14	15
解答	○	○	X	X	○

番号	16	17	18	19	20
解答	X	○	X	○	X

番号	21	22	23	24	25
解答	X	○	○	X	X

択一法

番号	1	2	3	4	5
解答	ハ	ニ	ニ	ロ	イ

番号	6	7	8	9	10
解答	イ	ハ	ロ	ロ	ロ

番号	11	12	13	14	15
解答	ハ	イ	ロ	ニ	ロ

番号	16	17	18	19	20
解答	ロ	イ	ハ	ロ	イ

番号	21	22	23	24	25
解答	イ	ロ	ニ	ニ	ハ

平成31年度　1級　学科試験正解表
仕上げ（金型仕上げ作業）

真偽法

番号	1	2	3	4	5
正解	X	X	X	○	X

番号	6	7	8	9	10
正解	○	○	○	○	○

番号	11	12	13	14	15
正解	○	○	○	○	X

番号	16	17	18	19	20
正解	○	X	X	X	X

番号	21	22	23	24	25
正解	○	X	X	○	○

択一法

番号	1	2	3	4	5
正解	イ	ハ	イ	イ	イ

番号	6	7	8	9	10
正解	ハ	ニ	イ	ロ	ロ

番号	11	12	13	14	15
正解	イ	ロ	ハ	ハ	ニ

番号	16	17	18	19	20
正解	イ	ロ	ニ	イ	ロ

番号	21	22	23	24	25
正解	ニ	ハ	ハ	ニ	ロ

平成30年度　1級　学科試験正解表
仕上げ（金型仕上げ作業）

真偽法

番号	1	2	3	4	5
解答	○	X	○	○	X

番号	6	7	8	9	10
解答	○	○	○	○	X

番号	11	12	13	14	15
解答	X	X	○	X	X

番号	16	17	18	19	20
解答	X	○	○	○	X

番号	21	22	23	24	25
解答	○	X	X	○	X

択一法

番号	1	2	3	4	5
解答	ハ	ハ	ハ	ニ	ロ

番号	6	7	8	9	10
解答	ハ	ハ	イ	ニ	ニ

番号	11	12	13	14	15
解答	ハ	ロ	イ	ハ	イ

番号	16	17	18	19	20
解答	ニ	ハ	イ	ニ	イ

番号	21	22	23	24	25
解答	ハ	ハ	イ	ハ	ハ

平成 29 年度　1 級　学科試験正解表
仕上げ（金型仕上げ作業）

真偽法

番号	1	2	3	4	5
解答	×	○	○	○	○

番号	6	7	8	9	10
解答	×	×	×	○	○

番号	11	12	13	14	15
解答	×	×	○	○	×

番号	16	17	18	19	20
解答	○	○	○	×	×

番号	21	22	23	24	25
解答	○	×	×	×	×

択一法

番号	1	2	3	4	5
解答	ハ	ハ	イ	イ	ロ

番号	6	7	8	9	10
解答	ニ	ニ	ロ	ロ	ニ

番号	11	12	13	14	15
解答	ロ	ロ	ニ	ハ	ハ

番号	16	17	18	19	20
解答	ロ	ロ	ロ	ハ	ロ

番号	21	22	23	24	25
解答	ニ	イ	イ	ロ	ロ

平成31年度　2級　学科試験正解表
仕上げ（機械組立仕上げ作業）

真偽法

番号	1	2	3	4	5
正解	×	×	○	×	○

番号	6	7	8	9	10
正解	○	○	○	×	×

番号	11	12	13	14	15
正解	×	×	○	○	○

番号	16	17	18	19	20
正解	×	×	○	○	×

番号	21	22	23	24	25
正解	○	×	×	○	○

択一法

番号	1	2	3	4	5
正解	ハ	ハ	ニ	ハ	イ

番号	6	7	8	9	10
正解	ニ	ハ	ロ	ニ	ハ

番号	11	12	13	14	15
正解	ロ	イ	ロ	ニ	ニ

番号	16	17	18	19	20
正解	ハ	イ	ハ	ハ	ハ

番号	21	22	23	24	25
正解	ロ	ニ	ニ	ロ	ロ

平成30年度　2級　学科試験正解表
仕上げ（機械組立仕上げ作業）

真偽法

番号	1	2	3	4	5
解答	○	○	×	○	×

番号	6	7	8	9	10
解答	×	×	○	○	×

番号	11	12	13	14	15
解答	○	○	○	○	○

番号	16	17	18	19	20
解答	○	×	○	×	×

番号	21	22	23	24	25
解答	×	×	×	×	○

択一法

番号	1	2	3	4	5
解答	ハ	ハ	ロ	イ	ロ

番号	6	7	8	9	10
解答	ニ	ロ	イ	ニ	ニ

番号	11	12	13	14	15
解答	ハ	ハ	ニ	ニ	ハ

番号	16	17	18	19	20
解答	ニ	ロ	ハ	ニ	ロ

番号	21	22	23	24	25
解答	ニ	イ	イ	ニ	ロ

平成29年度　2級　学科試験正解表
仕上げ（機械組立仕上げ作業）

真偽法

番号	1	2	3	4	5
解答	○	×	×	○	○

番号	6	7	8	9	10
解答	×	○	○	×	×

番号	11	12	13	14	15
解答	○	○	×	×	○

番号	16	17	18	19	20
解答	×	○	×	○	×

番号	21	22	23	24	25
解答	○	○	×	○	○

択一法

番号	1	2	3	4	5
解答	ハ	ニ	ニ	ロ	イ

番号	6	7	8	9	10
解答	イ	ハ	ロ	ロ	ロ

番号	11	12	13	14	15
解答	ハ	イ	ロ	ニ	ロ

番号	16	17	18	19	20
解答	ロ	イ	ハ	ロ	イ

番号	21	22	23	24	25
解答	ロ	イ	ロ	イ	ロ

平成31年度　1級　学科試験正解表
仕上げ（機械組立仕上げ作業）

真偽法

番号	1	2	3	4	5
正解	×	×	×	○	×

番号	6	7	8	9	10
正解	○	○	○	○	○

番号	11	12	13	14	15
正解	○	○	○	○	×

番号	16	17	18	19	20
正解	○	×	×	×	×

番号	21	22	23	24	25
正解	○	○	×	○	○

択一法

番号	1	2	3	4	5
正解	イ	ハ	イ	イ	イ

番号	6	7	8	9	10
正解	ハ	ニ	イ	ロ	ロ

番号	11	12	13	14	15
正解	イ	ロ	ハ	ハ	ニ

番号	16	17	18	19	20
正解	イ	ロ	ニ	イ	ロ

番号	21	22	23	24	25
正解	ハ	ニ	イ	ロ	ニ

平成30年度　1級　学科試験正解表
仕上げ（機械組立仕上げ作業）

真偽法

番号	1	2	3	4	5
解答	○	×	○	○	×

番号	6	7	8	9	10
解答	○	○	○	○	×

番号	11	12	13	14	15
解答	×	×	○	×	×

番号	16	17	18	19	20
解答	×	○	○	○	×

番号	21	22	23	24	25
解答	○	○	×	×	×

択一法

番号	1	2	3	4	5
解答	ハ	ハ	ハ	ニ	ロ

番号	6	7	8	9	10
解答	ハ	ハ	イ	ニ	ニ

番号	11	12	13	14	15
解答	ハ	ロ	イ	ハ	イ

番号	16	17	18	19	20
解答	ニ	ハ	イ	ニ	イ

番号	21	22	23	24	25
解答	イ	イ	イ	ハ	ハ

平成29年度　1級　学科試験正解表
仕上げ（機械組立仕上げ作業）

真偽法

番号	1	2	3	4	5
解答	×	○	○	○	○

番号	6	7	8	9	10
解答	×	×	×	○	○

番号	11	12	13	14	15
解答	×	×	○	○	×

番号	16	17	18	19	20
解答	○	○	○	×	×

番号	21	22	23	24	25
解答	○	×	○	×	×

択一法

番号	1	2	3	4	5
解答	ハ	ハ	イ	イ	ロ

番号	6	7	8	9	10
解答	ニ	ニ	ロ	ロ	ニ

番号	11	12	13	14	15
解答	ロ	ロ	ニ	ハ	ハ

番号	16	17	18	19	20
解答	ロ	ロ	ロ	ハ	ロ

番号	21	22	23	24	25
解答	ニ	ニ	ロ	ニ	ハ

・本書掲載の試験問題及び解答の内容についてのお問い合わせ等には、一切応じられませんのでご了承ください。
・試験問題について、都合により一部、編集しているものがあります。

平成29・30・31年度

1・2級 技能検定　試験問題集　66　仕上げ

令和2年6月　初版発行

監　修　中央職業能力開発協会

発　行　一般社団法人 雇用問題研究会

〒103-0002　東京都中央区日本橋馬喰町1-14-5 日本橋Kビル2階

TEL　03-5651-7071(代)　FAX　03-5651-7077

URL　http://www.koyoerc.or.jp

印　刷　株式会社ワイズ

223066

ISBN978-4-87563-665-6 C3000